教育部哲学社会科学重大攻关课题**“我国体育产业高质量发展研究”**
（项目批号：**19JZD016**）阶段性成果

体育蓝皮书

中国体育产业发展蓝皮书（2021）

张 锐 王晓丹 主编

U0430192

中国体育产业发展研究报告（2019~2021）

化学工业出版社
·北京·

图书在版编目（CIP）数据

中国体育产业发展蓝皮书. 2021/ 张锐，王晓丹主编. —北京：化学工业出版社，2022.9

ISBN 978-7-122-41357-4

Ⅰ. ①中… Ⅱ. ①张…②王… Ⅲ. ①体育产业-产业发展-研究报告-中国-2021 Ⅳ. ① G812

中国版本图书馆 CIP 数据核字（2022）第 074395 号

责任编辑：宋 薇　　装帧设计：张 辉
责任校对：田睿涵

出版发行：化学工业出版社（北京市东城区青年湖南街 13 号 邮政编码 100011）
印 装：涿州市般润文化传播有限公司
710mm×1000mm 1/16 印张 12 字数 235 千字 2022 年 9 月北京第 1 版第 1 次印刷

购书咨询：010-64518888　　售后服务：010-64518899
网 址：http：//www.cip.com.cn
凡购买本书，如有缺损质量问题，本社销售中心负责调换。

定 价：168.00 元

版权所有 违者必究

编写人员名单

主　　编： 张　锐　王晓丹

执行主编： 何文义　张立波

副 主 编： 钱俊伟　郭　彬

参编人员：（按姓氏笔画排序）

丁　峰　于志强　王　丹　亓　昕　毛宇飞
邓存惠　孙朋军　孙雯雯　李佳豫　李艳亭
张　兵　封　英　赵晓萌　侯明晖　姚芳虹
徐文明　黄　琦　焦　月

2021

前言

2021 年，我国已经全面建成小康社会、开启全面建设社会主义现代化国家新征程、开始向第二个百年奋斗目标进军，中国特色社会主义建设迈入新阶段。在新阶段，我国社会主要矛盾已越来越呈现为人民日益增长的美好生活需要和不平衡不充分的发展之间的矛盾，我国体育由此也进入了高质量的发展时期。为深入实施健康中国战略和全民健身国家战略，加快体育强国建设，构建更高水平的全民健身公共服务体系，国务院印发《国务院关于印发全民健身计划（2021—2025 年）的通知》（国发〔2021〕11 号），该计划主要任务有八个方面内容：一是加大全民健身场地设施供给，二是广泛开展全民健身赛事活动，三是提升科学健身指导服务水平，四是激发体育社会组织活力，五是促进重点人群健身工作开展，六是推动体育产业高质量发展，七是推进全民健身融合发展，八是营造全民健身社会氛围。

在我国由全面建成小康社会向开启全面建设社会主义现代化国家迈进的关键时期，人民群众体育文化水平需要全面提高。自十九大以来，国家高度重视体育产业的发展，出台了一系列促进体育产业发展的政策方针。比如《国务院办公厅关于加强全民健身场地设施建设发展群众体育的意见》（国办发〔2020〕36 号），《国务院办公厅关于促进全民健身和体育消费推动体育产业高质量发展的意见》（国办发〔2019〕43 号），国务院办公厅印发《体育强国建设纲要》（国办发〔2019〕40 号），《国务院办公厅关于加快发展体育竞赛表演产业的指导意见》（国办发〔2018〕121 号）等。党的十九届五中全会召开前夕，习近平总书记专门主持召开教育文化卫生体育领域专家代表座谈会，指出“体育是提高人民健康水平的重要途径，是满足人民群众对美好生活向往、促进人的全面发展的重要手段，是促进经济社会发展的重要动力，是展示国家文化软实力的重要平台”，强调“‘十四五’

时期，要科学研判体育发展面临的新形势，坚持问题导向，聚焦重点领域和关键环节，深化改革创新，不断开创体育事业发展新局面”。

最近，国家体育总局正式发布了《“十四五”体育发展规划》（以下简称《规划》）。《规划》指出“十四五”时期是我国全面建成小康社会、实现第一个百年奋斗目标之后，意气风发开启全面建设社会主义现代化强国新征程、向第二个百年奋斗目标进军的第一个五年，也是乘势而上筑牢体育强国根基、奋力实现体育现代化的开局时期。《规划》对“十四五”体育改革发展进行了全面部署，围绕体育强国建设，力求推动“十四五”体育重点领域实现高质量发展。《规划》是指导“十四五”时期体育改革发展的重要文件。《规划》分为三大部分：总论部分主要阐述了“十三五”时期我国体育发展取得的成就，“十四五”时期我国体育发展面临的形势，2035年体育强国建设远景目标，“十四五”时期体育发展的指导思想、基本原则以及主要目标等；分论部分按照体育的各个领域来阐述“十四五”时期体育改革发展的主要任务，对“全民健身、竞技体育、青少年体育、体育产业、体育文化、体育对外交往、北京冬奥会备战与冰雪运动发展、体育科教信息及体育人才、体育法治、反兴奋剂、行业作风建设、体育服务经济社会发展”12个部分做了具体部署，并明确了这些领域的工作思路和重点任务；第三部分为保障措施，主要包括坚定正确政治方向、强化组织保障、深化体制机制改革、加大政策支持、强化监督评估等方面的内容。

体育产业发展是国家经济社会发展的重要组成部分，既关乎新兴产业经济的发展，也关系到民生具体领域的繁荣。《中国体育产业发展蓝皮书（2021）》（以下简称《蓝皮书》）以通俗易懂的语言来表述学术思想或观点，通过探究体育产业发展规律，分析当前体育产业发展过程中存在的一些问题，试图找到导致体育产业发展滞后的某些原因，并给出相应的对策，希望为政府和企业在发展体育产业时带来启发。

《蓝皮书》分为1个总报告和12个分报告。整体框架采用了从整体到部分、从宏观到微观、从抽象到具体的撰写思路，每个分报告都尽可能采用了2018—2021年最新数据和案例，对具体领域的发展状况、特点、经验、问题等进行现状分析，突出发展趋势分析和问题的对策性研究。首先，总报告纵观改革开放以来中国体育产业发展的成果和不足，指出了新时代政治经济背景下体育产业应有的发展方向和路径。其次，用2个分报告的篇幅对中国体育产业发展的宏观环境及发展现状进行了较为透彻的分析。在充分了解体育产业现状的基础上，《蓝皮书》以分报告的形式对于职业体育、重点体育赛事、体育场馆、健身产业、服务业与制造业、冰雪体育产业、体育城市与体育小镇等具体的体育产业门类或要素进行了探讨与分析。再次，对体育产业商业模式中最重要的品牌价值和知识产权进行了翔实分析。最后，概括了体育产业可行的商业模式并分析了产业内的典型案例，通过对体育产业几个案例的解读，发现体育产业发展规律的同时，为企业发展体育产业找到有效路径。

作为一个以分析见长的研究报告，《蓝皮书》表述准确简洁、语言平实易懂、兼具专业性与可读性，相信它能够对政府体育管理部门官员、体育产业从业者和体育产业研究者有所启发和助益。

需要说明的是，《蓝皮书》是团队合作的研究成果，写作团队成员既有高校长期从事体育产业方向的研究者，也有体育企业界的好学深思之士。整个撰稿过程是在主编和执行主编反复厘定写作框架的基础上，经过团队成员八次深入研讨，五易其稿，前后历时两年多时间完成的。在初稿完成之后，为了保持报告的整体系统以及风格的相对统一，主编组又对《蓝皮书》各报告做了相应的修改润饰和内容调整及删削的统稿工作。诚挚感谢团队各位专家对《蓝皮书》付出的心血和汗水。

最后必须说明的是，《蓝皮书》写作成员所主笔的各部分的内容，不同程度参考了有关领域已经发表的统计结果和有关专题报告的研究成果。除了特别加以注释或者说明之外，参考数据主要依据国家体育总局、国家统计局、国家发改委、国家文化和旅游部、国家商务部、国家广电总局、国家新闻出版署以及中国期刊协会、中国行业研究网、国内外相关报纸杂志、相关网站和行业的现有研究报告等基础信息。同时，《蓝皮书》在编撰过程中还参阅了大量的相关著作和文献，吸取了他们优秀的相关研究成果，直接或者间接地引用了他们的观点。在此，对于各相关机构和个人前期研究的辛勤付出及其对本《蓝皮书》所作出的基础性贡献一并表示诚挚的谢忱。

张锐

2021

目 录

2021

·总报告·

中国体育产业发展方向、逻辑及路径

【导读】2021年，是“十四五”规划开局之年，是实现建党一百年奋斗目标，开启现代化国家建设新征程的一年。经过四年的实践，新时代所提出的方向和各项任务都更加清晰，特别是我国体育产业进入了一个较为理性的发展期。自2014年《国务院关于加快发展体育产业 促进体育消费的若干意见》（国发[2014]46号）发布以来，体育产业改革的政策文件接踵而来。然而，这一阶段体育产业并没有因此达到预期的发展速度，产业政策促进作用并不明显。这就促使我们对体育产业的发展方向、产业发展逻辑和规律以及产业实现路径等方面重新进行研究，以便发现体育产业发展过程中的各种障碍和不利因素，确保产业政策实施的有效性，以目标为导向，切实帮助企业快速成长，从而推动体育产业高质量发展。

体育强则中国强，国运兴则体育兴。经过“十三五”时期的持续努力，我国体育事业和体育产业相关各领域都取得了较大进展，但体育发展不平衡不充分问题依然突出，不能适应高质量发展要求。党的十九届五中全会作出了到2035年全面建成体育强国的战略部署。国家《“十四五”规划纲要》就建设体育强国作出具体安排，国家体育总局正式发布了《“十四五”体育发展规划》（以下简称《规划》）。《规划》对“十四五”体育改革发展进行了全面部署，围绕体育强国建设，力求推动“十四五”体育重点领域实现高质量发展，包括构建高水平全民健身公共服务体系、构建竞技体育发展新模式、青少年体育健康发展、强化要素创新驱动推动体育产业高质量发展、促进体育文化健康繁荣发展、构建体育对外交往新格局、冰雪运动跨越式发展、完善体育法律规范体系、提高依法治体水平。

“高质量发展”作为“十四五”时期经济社会发展的主题，同时也是体育强国建设必须遵循的发展要求。《规划》坚持高质量发展主题，通过改革创新，推动体育各相关领域均衡充分发展，以问题为导向，力求补齐体育发展短板。另外《规划》还指出体育事业与人们生活息息相关，参与体育运动是人民健康幸福生活的重要内容。因此构建更高水平的全民健身公共服务体系，才能满足人民日益增长的美好生活需要。

只有全面认识新时代中国特色社会主义的基本特征，了解马克思休闲观的基本内容，才能发现体育产业发展在全面建成小康社会、丰富人民美好生活、实现体育强国等战略目标中的重要意义。人们在满足物质生活需求之后，精神生活取决于人的审美体验和价值，体育产业发展的逻辑与规律也是如此。体育在人们生活的不同应用场景中所体现出的价值是不同的，这种需求和价值的不同正好为产业发展搭建了多元的商业模式。因此，人民对美好生活需求为体育产业创造了巨大的产业增值空间。目前，体育产业不仅成为国家发展经济促进产业转型的重要抓手，还成为满足人们健康生活方式需求和促进社会和谐的重要内容。

第一节　新时代的体育产业发展方向

党的十九大明确提出了“中国特色社会主义进入了新时代”，并且以新的高度强调了坚持以人民为中心。新时代中社会生产力和整体经济水平的进步，将人们从繁重的体力劳动中解脱出来，大部分人的闲暇时间逐渐增多，这为体育产业的发展奠定了基础。经济的发展带动消费和产业的升级，人们愿意为幸福产业花费更多的时间和金钱。基于马斯洛需求层次理论与我国实际，我们发现在物质匮乏时期人们不在乎质量，而随着物质生活水平的提高人们开始在意消费的层次、开始追求产品的质量，这也在客观上推动着产业必须向高质量、创意型转变。因此，未来体育产业必须按照新时代的特点，沿着满足人们的休闲需要、提供高质量产品的路径不断前行。

一、我国社会主要矛盾及发展方向的变革

新中国成立以来，我国社会的主要矛盾逐渐从人民日益增长的物质文化需要

同落后的社会生产之间的矛盾转变为人民日益增长的美好生活需要和不平衡不充分的发展之间的矛盾。主要矛盾变化的背后是社会生产力的不断发展和人们消费水平的不断提高。总结我国社会主要矛盾及各个时期社会发展方向的变化，可以给体育产业的发展提供指导。

二、新时代经济背景及产业趋势

0-1

在科学技术的推动下，新时代我国的生产力发展水平逐渐上升，这也意味着传统的生产关系正在逐渐变化。与此同时，生活水平的提高也意味着人们消费升级成为必然，在满足物质消费的基础上，人们开始注重精神需求的满足。体育产业可以满足人们的精神休闲需求，是未来非常具有发展潜力的产业之一，需要把握消费心理、洞察消费需要，满足人们的消费需求。

第一个趋势，我们可以看到企业生产从追求产品数量向追求产品质量转移。就生产的物质产品而言，改革开放初期由于物资匮乏，有很多伪劣产品生产出来也有销售空间，企业在这个时期只追求生产产品的数量，忽视了质量，但依然能够生存、发展。现如今居民消费习惯的改变倒逼企业在提高产品质量的同时，更注重发展创新高审美的产品。例如现在义乌小商品市场对于产品质量日渐重视，生产出许多兼具实用价值和观赏价值的精美产品。

第二个趋势是人们从追求标准化产品转变为追求个性化产品。当人们消费升级后，就会逐渐开始追求个性化需求。比如曾经人们出行旅游时，出于安全与质量的需要会优先考虑星级酒店；但如今在经济允许的条件下，年轻人旅行时更多追求的是符合自己个性需求的民宿，即使部分民宿的价格比星级酒店贵很多。

第三个趋势是从文化消费选择来看，人们的消费习惯从传统的静态文化消费向动态的互动体验式体育消费转移。体育运动逐渐成为人们的主要生活方式，在参与人群、参与频次、消费水平等层面都远远高于传统静态文化消费。所以人们对运动需求的升级，直接拉动了消费的升级，这些都符合马斯洛的不同层次需求发展规律。

第四个趋势是从侧重文化的物质消费到侧重精神消费。以前人们购买一个文化产品，必须看得见摸得着，基本只看重文化产品的物质属性；现在人们消费产品可能只是为了满足某一刻的精神、情感或审美的感受，而这种产品和服务大多会出现在休闲体育领域。

第五个趋势是从产业体系的发展趋势来看，在建构独立产业体系并发展完善之后，单一产业就很难再发展，必须要通过产业融合产生新的附加价值促进产业再发展。文化、旅游、体育、健康、养老、教育培训等产业发展都会面临这个问题。

第六个趋势是人工智能、区块链、大数据以及云计算等成为产业发展的新方向。未来体育产业的发展也需要与这些新兴技术进行融合。当产业发展到以人工智能为主导的时候，工程师就成为创造社会财富的主体，工程师创造的人工智能机器人也会应用在各行各业。机器人代替人类进行劳动，极大地推进生产力的发展，最终将改变生产关系，影响整个社会的变革。这种变革的结果使得所有人都拥有闲暇时间，与此同时基础产业已经达到一定高度，新兴的产业重心将在文化、旅游、体育、健康、养老、教育培训六大幸福产业。

0-2

三、新时代体育产业发展承载的国家战略使命

新时代体育产业的发展仍然需要坚持以人为本，体育产业本质上是满足人们体验需求的服务经济，因此其主要作用是充实人们的闲暇时间、助力健康的生活习惯，成为人们美好生活的一种生活方式。体育产业的发展关系到全民健身、健康中国、体育强国、体育产业高质量发展、体教融合等国家战略目标的实现，同时在推进国民经济发展、国家政治稳定，促进文化、旅游、教育、健康、养老、科技等产业融合发展方面起到积极作用。

0-3

第二节　体育产业发展逻辑与规律

事物发展都会有其相应的逻辑和规律，体育产业也不例外。这些规律包括：体育文化及运动项目形成与价值规律；体育产业发展规律；体育产品创新规律；体育教育普及与选材规律；体育产业商业模式发展规律等。

体育产业的主体是体育运动项目所形成的文化，体育文化通过时间的积累和组织的传承，经历了从俗文化到雅文化的过程，继而形成有价值的体育文化资源。

这种体育文化资源，根据人们体育需求，通过解构与建构的方式，改造形成新的体育产品和相应的体育应用场景，使得体育产业和服务具有商业价值。通过延伸体育产业的产业链，使得体育价值得到拓展和增值，即通过跨界运营的理念和商业模式，获取体育之外更多的商业价值。体育产业在体育文化、体育资源、体育产品的升级发展过程中，把体育主体产业作非盈利的战略布局，用于锁定客户，作为形成产业链和拉动相关产业增值的引擎，用关联产业实现盈利，这才是体育产业发展逻辑和规律。

一、体育文化与体育运动项目形成规律

体育来源于人类的生产劳动，体育活动形成体育文化需要经历漫长的历史过程，原始的体育活动形式与现代的体育项目也存在差别。体育文化如何形成，体育运动项目的形成有何规律等基础性问题值得探究。

（一）体育文化形成规律

文化的形成具有由俗文化向雅文化发展、由生产方式向生活方式转变、由物质文化向精神文化升级的规律。文化是分层的，由俗文化到雅文化有很多的阶段和层次，不同层面都能满足不同层次人群的需求。体育文化同理，运动的发展都是由俗运动开始逐渐变成雅运动。体育文化一般发端于传统的农业生产和军事训练，在闲暇期间逐渐提炼为体育游戏。体育游戏或体育竞赛类的规则由易至难逐渐发展，复杂的游戏或竞赛规则需要专业训练，参加过训练才能掌握的雅文化，就是标准化的运动项目。最终体育文化实现了从生产方式提升为生活方式，从简单的游戏到标准化的体育赛事的转变。

（二）运动项目及协会组织

体育是有组织的文化，体育运动项目的形成标志是制定规则和建立协会组织，体育协会组织对于体育运动项目及文化的推广和举办活动起到积极作用。体育产业依托体育运动项目，在教育、娱乐、健康等人们生活中各个领域均有所应用。同时在这些活动中产生商业价值，这种价值不仅是体育主体所产生的，还包括由此延伸形成的关联产业价值。

0-4

（三）体育文化形成与价值形式

体育运动的来源多种多样，其文化的形成过程也十分复杂。究其根本，体育文化复杂性的根源在于体育在不同场景内有着不同的价值。因此在探究体育文化的价值时需要考虑在教育、宗教、社会等不同场景下的具体运用。

0-5

二、体育产业发展规律

由于我国政治经济制度的特殊性，我国的体育事业与体育产业二者密不可分。探究体育产业的发展规律首先必须厘清体育事业与体育产业的概念及相关联系。在此基础上，才能良性探究体育产业发展的脉络和规律。

（一）体育事业、商业模式、体育产业，三位一体，相互促进

在发展体育产业的过程中，不可避免地会对体育事业和体育产业的概念产生混淆。有的观点试图把体育事业和体育产业内容进行切割，甚至把体育事业和体育产业对立起来。如何摸清事业产业内在逻辑，在有效促进产业价值提升的维度和意义上，下面用一个公式来确定体育事业、体育产业以及商业模式的关系：体育事业（U）+ 商业模式（M）= 体育产业（I）。

从公式中可以看出，体育事业的投入增加，体育产业自然会提升，商业模式创新得越多，体育产业也会越大。体育事业、商业模式是体育产业发展的两个基础，当体育产业得到很大发展的时候，体育事业自然会得到发展，商业模式自然会增多。

体育事业和体育产业区别在于商业模式。体育是以人为本并服务人的生活方式，本身具有事业性。因此，企业在做一个体育赛事或者活动时，首先是一个体育事业行为，在做事业的同时，如果找到了商业模式，有了经济上的收益，就转变成为体育产业行为。体育事业转换不出经济利益，就永远是体育事业。体育事业与体育产业其实是一体的，在项目上的具体表现形式并没有太多区别，区别在于能否赚钱。体育首先具有事业性，然后才具有产业性。体育事业和其他五大幸福产业一样，都是以人为本的事业，都需要政府大量投入。体育产业需要通过商业价值变现得以实现，创造财富是基于企业这个主体，所以发展产业必须以企业为本，最好是发展龙头企业来引领产业的发展。企业需要创造价值，必须要在产品和服务上有收益，就必须有商业模式即盈利模式。因此，企业运营以商业模式为本，创新商业模式是企业生存和发展之本。

因此，体育产业的发展，首先，需要国家加大体育事业的投入，扶持体育产业企业发展。向企业购买体育公共服务等都是政府发展体育事业的职责。从企业的商业模式而言，企业所做的体育产品和服务具有事业属性，向政府索要扶持体育事业发展的经费可作为企业的商业模式之一。其次，企业发展最核心的一点是打造商业模式保障盈利能力，体育企业只有赚钱了才能称得上在做体育产业。商业模式是有属性的，企业要分清现阶段所从事的是体育产业业态中的哪一个类别，平台、内容、延伸、标准体系四种属性中的哪一种？不同属性的业务有不同

的商业模式。我们发现做同样的赛事或体育产品，有些企业能赚钱，有些企业却赔钱，区别在于是否找到正确的商业模式。

（二）资源产品化和产品产业化

体育运动项目通过时间积累形成了文化之后，就具有了文化资源的价值。所谓的资源价值，像体育赛事中的IP（知识产权），就是一种资源，授权使用时就产生了资源价值。如何把体育资源变成更多的体育产品？打一个比方，体育资源就像面粉，面粉是食品的原料，消费者不能直接食用，只有通过加工，将面粉制作成各种花式的面包，才能够满足不同人的口味。体育资源的应用也是如此，需要把体育资源做成各种体育产品，满足不同人的不同场景中的需求，这种需求是比较直接的需求。当这种需求集聚了很大的人群时，就具备了依托体育产品通过其延伸价值做大体育产业。延伸产业实际上就是通过做面包的影响力到开面包店。所开的面包店里不光卖面包，面包店里还可以贩卖其他产品，将来面包店的收入90%来源于卖红酒、咖啡、茶叶、纪念品等产品，而不仅仅是卖面包。甚至某一天，面包免费了，面包店会更赚钱，这就是通过设计商业模式来做产业。

体育产业发展的逻辑和规律是资源产品化、产品产业化。体育文化产业是创意产业，体育资源要通过创意形成新的体育产品，体育产品需要通过商业模式的创新形成体育产业。通过这个规律我们可以看清楚在资源变成产品和产品产业化的过程中，创新商业模式才是起决定作用的关键，创新创意在某种程度上来说比资源更重要。

因此，落实好习近平总书记“绿水青山就是金山银山”“冰天雪地也是金山银山”的指示，首先要清楚绿水青山、冰天雪地都只是有价值的资源，金山银山是通过产业把资源价值转化为经济价值的结果。一方面必须保护好生态资源，才能确保产业的可持续发展；另一方面必须依靠大力发展体育产业在内的六大幸福产业才能把生态资源转化为产业。

（三）娱乐体育的规律

体育娱乐产业包含两方面，一种是观赛型娱乐，比如世界杯；另外一种是体验型娱乐，比如马拉松。观赛型的体育产业规律实际上是体育媒体的规律。体育娱乐产业本质上就是吸引注意力的“眼球经济”，也是现在常说的流量经济。媒体平台的节目只有吸引观众才有收视率，有收视率才有广告，有广告媒体平台才能生存下去。

怎么去理解眼球经济？眼球经济意味着要牢牢把握人们的注意力，那么如何将人们的眼球吸引到体育产业上来呢？经验和产业发展规律告诉我们，必须要打造国际化的媒体关注的赛事，关注得越多赛事越值钱。打造收视率就必须要包装明星，有明星就有粉丝，明星拉动粉丝消费，进而形成眼球经济的实现链条。体育娱乐产业中最核心最挣钱的部分，就是眼球经济和注意力经济。奥运会发展历程就是如此，1984 年美国洛杉矶奥运会比较 1976 年加拿大蒙特利尔奥运会，实现了盈利，主要靠的是媒体传播。由于 1984 年全世界彩色电视机开始普及，奥运会一下子通过电视机获得了几十亿人的关注。直到现在，每届奥运会仍有 40 多亿美元的收入来源于赛事版权销售，这就是眼球经济的体现。

三、体育产业的产业链构成

（一）体育产业链包含核心要素分析

体育产业产生与发展的根源是人们参与体育运动项目所产生的需求。无论是体育产品还是体育服务，都是体育产业内重要的关联要素，而各要素之间的关联关系就形成了体育产业链，无限延伸的关联关系也叫全产业链。产业链运营可以确保主体产业所形成的价值，能够在产业链上下游进行传递或变现，为体育产业运营提供更多的商业模式。

国家体育总局和国家统计局联合发布的体育产业统计分类中包含的要素，除了有利于政府统计体育经济发展之外，对于指导体育产业企业发展的意义并不突出。因此，本报告从企业的角度出发，根据体育产业链的上下游关系，对体育产业核心要素作有机地分析和整合，有利于帮助企业找准定位、整合商业模式。我们根据体育产业关联的核心要素进行宏观的分析，有利于企业系统性地了解体育产业的全貌和产业链内在的关系。体育产业链中与体育内容有着直接关系的要素包括体育协会、体育赛事、体育俱乐部、体育运动学校、体育培训与游学、体育明星、体育运动装备、体育中介经纪、体育场馆建设运营、体育票务、体育保险、体育纪念品、体育赛事版权、体育彩票、体育会展、体育健身、体育健康管理、体育赞助等；这些体育产业核心环节既可以独立构成细分产业，也可以形成产业上下游关系，构建出更多商业模式。

0-6

（二）具体要素分析

四、体育产业跨界融合

党的十九大提出未来要满足人们美好生活需求，就必须要解决发展的不平衡不充分的矛盾。美好生活对于个体需求而言是多元化的，主要集中在生活方式上，体育、文化、旅游、健康、养老、教育培训六大幸福产业内容是需求的重点，也是未来产业发展的方向。六大幸福产业关乎老百姓幸福生活，从产业的发展趋势来说，以往的产业独立发展的模式将遇到极大的困难，体育在其中可以发挥产业融合的作用。

从价值观的导向去看，体育产业是利国利民的产业。就商业模式而言，体育产业首先可以与网络游戏产业、医疗产业等跨界合作，体育通过授权的方式可以实现与其他关联产业的融合。未来的消费空间在于体育休闲消费，从我们文化物质消费到现在的文化精神消费。体育作为人们主要的生活和休闲方式，将贯穿和融合到人们生活中的各个场景，使得体育跨界到相关产业形成新的产业价值，成为体育产业发展的新趋势（图 0-1）。

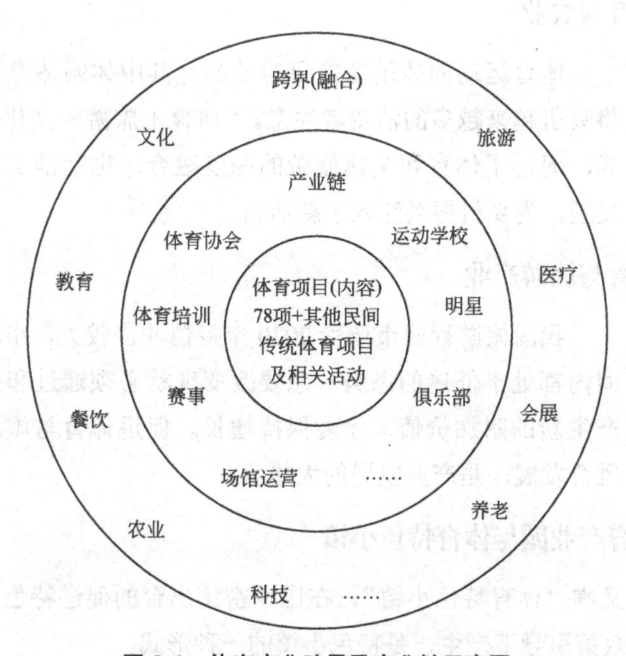

图 0-1　体育产业跨界及产业链示意图

（一）体育文化娱乐产业

体育产业属于大文化产业的一部分，体育可以增强文化艺术形式的推广，可以融合艺术，生产出一批体育影视、体育动漫、体育建筑、体育绘画、体育音乐、体育会展等体育文化产品，依托体育爱好者和体育迷，带动体育文化消费。

0-7

体育娱乐产业的本质是眼球经济，是通过体育产生附加价值。比如，互联网产业本质上的盈利来源，并不是互联网，而是广告。体育娱乐产业本质从眼球经济来讲，最终还是广告产业。体育文化产业本质是一种情感产业，在其发展中有一些自身的规律。真正的情感产业是情感越深，价值越大，情感决定价值。因此要把体育塑造的情感价值通过文化产品的方式变现出来。

（二）体育科技制造业

0-8

科学技术的进步极大地推动了生产力的发展，创造了巨大的物质财富。随着人们生活水平的提升，越来越多的科学技术应用到人们的生活方式中。当前，体育逐渐成为人们的主要生活方式之一，科技在体育中找到了更为广泛的应用场景。

（三）体育与农业

0-9

体育运动的休闲功能日益凸显，其中休闲体育与农业的结合将吸引越来越多的消费者注意。“体育＋旅游＋文化”的发展新模式，促进了体育和文化旅游的深度融合，也助推了农村文化旅游发展，为乡村振兴注入了新活力。

（四）体育与旅游产业

0-10

我国旅游行业市场受2020年疫情冲击较大，市场在一定的时间内都处于低迷的态势。想要改变现状必须通过和关联产业融合产生新的附加价值，才能保持增长。促进体育与旅游、文化产业融合发展，是产业发展的大趋势。

（五）体育产业园与体育特色小镇

体育小镇又称“体育特色小镇”，在国家密集出台的促进特色小镇与体育产业发展的双重政策引导下产生，是特色小镇的一种形式。

在全民健身概念的推广下，人们的生活观念、生活方式发生了巨大变化，体育运动逐渐成为大家日常生活中的一项活动。随着体育运动全民化、常态化、休闲化，体育产业得到更长足的发展。除了传统的运动赛事、健身休闲等项目以外，在特色小镇推出并快速发展的背景下，体育特色小镇成为体育产业的新业态。体育小镇必须依托于当地特色运动环境和运动项目传统来打造特色十足的体育项目。

0-11

遍观全国的体育小镇，大体可以分为产业型体育小镇、休闲型体育小镇、康体型体育小镇以及赛事型体育小镇四大类。除此之外，房地产体育小镇的形态也不断涌现。

第三节　我国体育产业的发展路径

近年来，国家相继出台了若干个体育产业相关政策，政策对于产业推动的效果并不理想：这期间并没有预期的“独角兽”企业出现，相反很多投资体育产业的基金公司都面临着无法退出的窘境，业内都以为已经进入资本寒冬。产业政策并没有起到应有的作用，体育产业发展的路径是否有问题？又该如何破题？

体育产业最基本的逻辑是：体育产业的基础是体育事业。只有体育事业基础做扎实了，体育产业才能发展良好。国家事业发展以人为本、产业发展以企业为本、企业发展以商业模式为本。需明确，体育产业发展的主体是企业，产业的基础是体育事业。因此，发展体育产业首先需要国家加大体育事业的投入，构建出一个人人可以参与体育运动的硬件和服务基础完备的体育生态环境，才能帮助企业更好地成长；其次是企业根据需求提供更多元化的体育产品进而服务大众，整合更多的商业模式，做大做强，进一步促进体育事业的发展。

当前，体育产业发展受核心要素发展不足所限，如何在要素发展中得以突破？产业三要素决定了体育产业中最基本的元素就是产品、用户和商业模式。我们根据企业商业模式平台、内容、延伸、标准体系四种产业属性，建议企业立足本体产业属性，根据体育产业发展规律，创新商业模式，实现体育产业高质量发展。同时我国体育产业的发展必然要不断强化产品供给端、培育消费端、强化商业模式，方能完成整个产业链条的优化和整合，提升整个产业链条的运营效率，实现 2025 年体育产业 5 万亿元产值的目标。

一、完善体育产业配套设施

党的十九大报告提出“加快推进体育强国建设”，习近平总书记明确要求要“精心谋划，狠抓落实，不断开创我国体育事业发展新局面，加快把我国建设成为体育强国”。报告指出，要大力发展体育产业核心要素，提高体育产品供给，补齐短板，促进体育产业平衡、充分发展，推进体育产业往高质量的轨道发展。着力在全民健身、职业体育（竞技体育）、体育产业、体育文化（传统体育运动项目文化）、对外交往等方向，制订具体落实措施，使之项目化、工程化。具体在体育场地建设、健身活动普及、青少年体育推广、竞技体育训练、科技奥运、体育产业（内容、媒体平台）升级、体育文化建设、体育志愿者培训、体育组织建设等多方面推进。

（一）优化产业政策

人们生活水平的提高，促进了生活方式和消费形式的升级，体育生活方式和体育消费是消费升级最主要的方向之一。城市发展体育需要有空间载体，城市原有的体育空间不足，已经严重影响到消费升级和人们对美好生活的追求。无论是国家体育总局还是各省市积极打造运动休闲特色小镇，加快体育公园、体育场馆、体育产业园区、城市体育综合体、运动空间的建设，都是为城市发展体育运动和体育产业提供必要的线下物理空间。体育产业的发展需要以事业的发展为基础，因此需要政府积极投入对体育事业的相关建设。

（二）加大体育产业软硬件平台要素的建设

深化场馆运营管理改革，鼓励各地推进公共体育场馆“改造功能、改革机制”工程。同时政府投资新建体育场馆应委托第三方企业运营，不宜单独设立事业单位管理。此外还需要支持职业体育俱乐部主场场馆优先改革。在推动公共资源（改造）向体育赛事活动开放时，需围绕可利用的水域、空域、森林、草原等自然资源，综合考虑生态、防洪、供水安全等因素，分类制订允许开展的体育赛事活动目录，明确申请条件和程序。不断推动自行车、运动船艇、滑雪板等体育器材装备的公路、铁路、水运、民航便利化运输。

优化体育产业供地。各地区在编制国土空间规划时要统筹考虑体育用地布局，在安排年度土地利用计划时，加大对体育产业新增建设用地的支持力度。利用以划拨方式取得的存量房产、土地兴办体育产业，符合《划拨用地目录》的可按划拨方式办理用地手续，不符合《划拨用地目录》的可采取协议出让方式办理。鼓励各地探索利用集体建设用地、符合条件的“四荒”（荒山、荒沟、荒丘、荒滩）土地发展体育产业。因地制宜建设体育设施，鼓励各类市场主体利用工业厂房、商业用房、仓储用房等既有建筑及屋顶、地下室等空间建设改造成体育设施，并允许按照体育设施设计要求，依法依规调整使用功能、租赁期限、车位配比及消防等规划、设计、建设要求，实行在五年内继续按原用途和土地权利类型使用土地的过渡期政策。合理利用公园绿地、市政用地等建设足球场、篮球场、排球场等体育设施，鼓励社会资本参与投资建设并依法按约定享受相应权益。已交付的体育设施由体育部门履行监管职责，确保落实体育用途。

加大全民健身设施建设力度。组织实施全民健身提升工程，安排中央预算内投资支持全民健身和体育产业基础设施建设。开展全国社会足球场地设施建设专项行动。挖掘学校体育场地设施开放潜力，在政策范围内采取必要激励机制，支持中小学对校园体育场地设施进行社会通道改造，在课余时间和节假日向社会开放；不具备改造条件的，也应保证在课余时间和节假日向本校师生开放；新建的学校体育场地设施应在规划设计时，创造向社会开放的条件；鼓励以购买服务方式引入专业机构运营管理。严格执行学校安全管理措施，确保校园安全。规范体育场馆公共安全服务供给。建立体育场馆安保等级评价制度。制定相关安保标准，分级分类明确体育赛事安全设施和安保人员装备配备要求，推动安保业务市场化、专业化发展。到2022年，大型体育场馆将全部完成安保等级评价。

加强体育传播平台建设。创新CCTV-5，CCTV5+节目，完善冬奥纪实频道，引导卫视播放体育节目，促进电视媒体播出的体育内容的份额；鼓励人民体育、PPTV、腾讯体育、抖音、快手等新媒体，利用各自优势积极参与体育赛事和全民健身活动的传播推广。

二、增加体育赛事活动内容要素供给

产业三要素中第一是产品要素，体育产业的产品要素是复杂和多层的，从微观到宏观包括个人装备、设施设备、体育场馆、旅游目的地等产品；第二要素是用户，用户包含参与者和观众两个部分；第三要素就是商业模式，将产品要素和用户要素紧密结合，需要创新设计出更多元的商业模式，把体育资源产业能量充分释放。这三要素都以体育内容为纽带，因此想要促进体育产业的发展，必须从以赛事为核心的体育内容开始，增加对体育赛事活动内容的要素供给。

（一）积极引进国际顶级赛事与创新自主IP赛事并举

为了增强城市的国际影响力、竞争力和软实力，助力城市吸引投资、引进人才、解决就业、拉动旅游等关联产业发展，帮助城市实现全面提升发展，北京、上海、广州、西安、武汉、成都等一线城市选择引进国际体育赛事。体育赛事是城市品牌提升和扩大影响力的重要内容和抓手。对于体育产业来说，体育赛事、体育教育、体育娱乐、体育健康都是至关重要的内容。城市需要有计划打造一些品牌赛事，有了好的赛事，还要善于进行传播。就像体育赛事一样，打造IP赛事的过程中一定要有国际媒体的参与。只有把体育赛事的影响力打造出来，城市才能完成另一项重要任务，即培养市民的体育运动的健康生活习惯。体育是健康的生活方式，通过全民健身活动，达到全民健康。

加强体育产业赛事内容的版权保护。体育产业是基于版权的产业，没有版权就没有体育产业。版权保护很重要，版权实际上也是形成商业模式的支点，商业模式就是版权或者IP在不同行业当中跨界使用，通过突破边界创新出多种商业模式，使企业获取更多商业价值。推动体育赛事职业化，需要着力发展现有职业联赛，鼓励有条件的运动项目举办职业赛事，合理构建职业联赛分级制度。支持成立各类职业联盟，支持校际体育赛事发展，探索商业化运营模式。发展体育经纪人队伍，挖掘体育明星市场价值。提升体育服务业比重，大力培育健身休闲、竞赛表演、场馆服务、体育经纪、体育培训等服务业态，创新商业模式，延伸产业链条。力争到2022年，体育服务业增加值占体育产业增加值的比重达到60%。加强体育服务业质量监测。支持体育用品制造业创新发展。推动智能制造、大数据、人工智能等新兴技术在体育制造领域应用。鼓励体育企业与高校、科研院所联合创建体育用品研发制造中心。

加快发展冰雪产业，促进冰雪产业与相关产业深度融合，合理规划、广泛调动社会力量投资建设冰雪运动场地设施。力争到2022年，冰雪产业总规模超过8000亿元，推动实现“三亿人参与冰雪运动”目标。

大力发展“互联网+体育”，推动电子商务平台提供体育消费服务。支持以冰雪、足球、篮球、赛车等运动项目为主体内容的智能体育赛事发展。

（二）大力开展校园体育技能的普及和完善青少年体育人才培养机制

中共中央、国务院发布的《关于深化教育教学改革全面提高义务教育质量的意见》中曾提出，要开齐开足体育课，将体育科目纳入高中阶段学校考试招生录取计分科目。科学安排体育课运动负荷，开展好学校特色体育项目，大力发展校园足球，让每位学生掌握1～2项运动技能。广泛开展校园普及性体育运动，定期举办学生运动会或体育节。鼓励地方向学生免费或优惠开放公共运动场所。通过购买服务等方式，鼓励体育社会组织为学生提供高质量体育服务。

国务院办公厅在《关于促进全民健身和体育消费推动体育产业高质量发展的意见》中提出实施“体育+”行动，促进体育教育融合发展的意见。通过政府购买服务等方式，引进专业教练员、退役运动员、体育培训机构等为学校体育课外训练和竞赛提供指导。鼓励各地将体育基地、运动营地等纳入青少年研学基地。

完善学校体育教学、训练和竞赛体系，支持学校与体育部门建立运动员共同培养机制。以游泳、田径等项目为试点，将教育部门主办的符合要求的赛事纳入运动员技术等级评定体系。加强普通高校高水平运动队建设，将其纳入国家竞技体育后备人才培养体系。

2020年8月31日，国家体育总局联合教育部印发《关于深化体教融合 促进青少年健康发展的意见》，提出要推动青少年文化学习和体育锻炼协调发展，促进青少年健康成长、锤炼意志、健全人格，培养德智体美劳全面发展的社会主义建设者和接班人，并根据“一体化设计、一体化推进”原则提出了八点意见：加强学校体育工作、完善青少年体育赛事体系、加强体育传统特色学校和高校高水平运动队建设、深化体校改革、规范社会体育组织、大力培养体育教师和教练员队伍、强化政策保障、加强组织实施。

（三）广泛开展全民健身和群众体育活动

坚持以人民健康为中心，制订并实施全民健身计划，普及科学健身知识和健身方法，因时因地因需开展全民健身活动。坚持大健康理念，从注重“治已病”向注重“治未病”转变。推行《国家体育锻炼标准》和《国家学生体质健康标准》，建立面向全民的体育运动水平等级标准和评定体系。大力发展群众喜闻乐见的运动项目，扶持推广各类民族民间民俗传统运动项目。建立群众性竞赛活动体系和激励机制，探索多元主体办赛机制。推进冰雪运动“南展西扩东进”战略，带动“三亿人参与冰雪运动”。实行工间健身制度，鼓励和支持新建工作场所建设适当的健身活动场地。积极推进冰雪运动进校园、进社区，普及冬奥知识和冰雪运动。推动残疾人康复体育和健身体育广泛开展。

优化全民健身组织网络平台。发挥全国性体育社会组织示范作用，推进各级体育总会建设，完善覆盖城乡、规范有序、富有活力的全民健身组织网络，带动各级各类单项、行业和人群体育组织开展全民健身活动。组织社会体育指导员广泛开展全民健身指导服务，建立全民健身志愿服务长效机制。

三、拓展体育产业延伸价值的开发

文化产业发展的规律是主体产业用于锁定客户，关联产业用于盈利。改革开放初期有一个说法“文化搭台、经济唱戏”，也就是庙会经济：庙会搭台集聚了人气，形成了商业氛围和经济业态，周边卖小商品的都能挣到钱。所以，掌握IP的就必须把关联产业的业态尽可能地掌握在自己手里，否则结果是帮助别人创富，自己赔钱。经营体育内容产业要了解“土豆理论”，IP 使用实际上就是再种土豆，当农民种下一颗土豆，等到收获时地下可能埋了十颗土豆，这时必须想尽一切办法把地下埋的这十颗土豆都挖出来。也就是说，一个 IP 可以延伸应用到 10 个场景产生 10 种收入，否则就会形成巨大浪费。体育产业需要创造性地看到 IP 延伸方向，而根在版权 IP 上。

在发展优质内容和平台基础上，还要根据企业的发展战略，利用体育的主体产业带来的影响力，做一些必要的延伸。要跳出体育来做体育产业，发挥体育能够促进关联产业升级和增值的作用，把体育产业和社区生活方式、房地产业、旅游产业、农业、教育培训业、文化产业、健康产业、科技等多方面融合，促进这些产业的升级。

四、加强标准体系制定，提升体育领域国际话语权

目前，纵观我国所有的体育项目，小到县区级选拔赛，大到国际赛事执行规则都是使用国际标准，没有属于我们的中国标准。而制定标准的话语权对于一个产业而言至关重要，这也客观上阻碍了我国体育产业的发展。

随着消费升级和消费理念的转变，居民对于体育的需求日益增加。需求增加的同时，也对服务提出了更高的标准。体育产业在服务上应该学习和借鉴类似于喜来登、君悦等连锁酒店的服务模式。在城市体育发展过程中，也要建构标准化的体育平台管理系统，创新具有 IP 的休闲活动内容，培养市民体育健康生活方式和习惯，打造出健康城市标准。

想要标准化解决体育产业的关联问题、解决产业链各环节的竞争力问题、完善全民健身公共服务体系，需要充分发挥国务院全民健身工作部际联席会议作用，地方各级政府建立全民健身工作联席会议机制。紧紧围绕便民惠民，抓好全民健身“六个身边”工程建设。积极开展体育强省、全民运动健身模范市、全民运动健身模范县三级联创活动，逐步推动基本公共体育服务在地区、城乡、行业和人群间的均等化。推动全民健身公共服务资源向农村倾斜，重点扶持革命老区、民族地区、边疆地区、贫困地区发展全民健身事业。推进全民健身智慧化发展（新体系），运用物联网、云计算等新信息技术，促进体育场馆活动预订、赛事信息发布、经营服务统计等整合应用，推进智慧健身路径、智慧健身步道、智慧体育公园建设。鼓励社会力量建设分布于城乡社区、商圈、工业园区的智慧健身中心、智慧健身馆。依托已有资源，提升智慧化全民健身公共服务能力，实现资源整合、数据共享、互联互通，加强分析应用。

五、完善产业政策，优化发展环境

首先需要落实已有税费政策。体育企业符合现行政策规定条件的，可享受研究开发费用税前加计扣除、小微企业财税优惠等政策。体育场馆自用的房产和土地，可按规定享受有关房产税和城镇土地使用税优惠。鼓励通过谈判协商、参与市场化交易等方式，确定体育场馆及健身休闲设施使用电气热的价格。

其次要加强知识产权保护。推动体育赛事转播权市场化运营，建立体育无形资产评估标准，完善评估制度。支持各类体育协会采用冠名、赞助、特许经营等方式开发其无形资产。

此外还需加大金融支持力度。鼓励银行业金融机构开展体育企业应收账款、知识产权等质押贷款创新。引导各地政府性融资担保机构将体育企业纳入支持范围。支持符合条件的体育企业发行社会领域产业专项债券。鼓励保险机构积极开发相关保险产品。

六、加大体育消费人口的培养，培养消费基础

体育产业的发展离不开旺盛的体育消费人群，体育消费人群主要包括参与者和观赛者，培养体育消费人口，必须从青少年开始。

（一）完善青少年体育运动体系，扩大青少年运动人口

构建社会化、网络化的青少年体育冬夏令营体系，开展青少年体育技能培训，使青少年掌握 2 项以上运动技能；丰富青少年体育赛事活动，形成一批具有较大影响的社会精品赛事活动；构建青少年体育社会组织管理和支持体系，促进青少年体育俱乐部、青少年户外体育活动营地等发展。推进幼儿体育发展，完善政策和保障体系；推进幼儿体育项目和幼儿体育器材标准体系建设，引导建立幼儿体育课程体系和师资培养体系。实施青少年体育拔尖人才建设工程，推动体校特色运动队、俱乐部运动队、大中小学运动队及俱乐部建设。进一步发挥体校和社会俱乐部培养竞技体育后备人才的优势。打破部门界限和注册限制，逐步建立面向所有适龄青少年、不同年龄阶段相互衔接的全国青少年 U 系列竞赛体系。落实教练员培养规划，实施教练员轮训，提高青少年体育教练员水平。

（二）积极推广全民健身运动，大力发展群众健身人口

扩大彩票公益金资助全民健身赛事活动办赛主体的范围，加大向社会力量购买全民健身赛事活动服务的力度。探索组织举办全民健身赛事活动的新模式，打

造全民健身赛事活动品牌。开展各类业余足球赛事活动和全国业余足球教练员培训。开展国民体质监测和全民健身活动状况调查，完善并推行国家体育锻炼标准和运动水平等级标准。建立运动处方数据库，培养运动医生和康复师，建设慢性疾病运动干预中心。大力发展冰雪运动人口，举办冰雪旅游节、冰雪文化节、冰雪嘉年华、赏冰乐雪季、冰雪马拉松等冬季项目品牌赛事活动，推广滑雪橇、冰上自行车、冰上龙舟、雪地拔河、雪地足球等冰雪娱乐项目。推广旱地冰球、旱地冰壶等项目。

（三）发展体育赛事，培养各类观众

体育赛事是体育本体产业的核心，本质是体育媒体产业和“眼球经济”，就是体育赛事通过媒体传播吸引观众的眼球，把形成的注意力和收视率转化为广告收益。在当前大众对体育运动的了解并不多的背景下发展体育产业，首先要借助冬奥会的宣传平台，积极通过各种途径传播体育运动知识，比如在电视节目中开展体育运动知识竞赛，在公交、地铁、社区等场景内设置宣传冬奥会和体育运动的广告牌，培养老百姓对体育运动的认知度和好感，逐步形成对体育运动和体育赛事的关注。

其次要大力发展体育赛事，比如美国的冰球联赛，一个赛季能吸引数以亿计的观众，有的花钱去现场看，有的通过有线电视付费观看。所以，积极组织体育赛事和联赛，打造体育运动明星，用精彩赛事和明星吸引亿万观众关注体育运动、成为球迷，促使更多的球迷去现场观看比赛或定期通过有线电视收看比赛。培养一批能为看体育赛事而买单的体育消费者，是体育产业可持续发展的基础。付费观看比赛是体育产业链中最重要的环节之一，我国体育产业链之所以不完整，就是这种付费观看比赛的习惯还没有被培养起来。

（四）加大选才力度，完善国家体育训练体系构建，打造体育明星

以运动员（队）为中心，以训练效益为导向，建立科学训练复合型团队和“流水线”“一站式”“一体化”高效工作模式。推动竞技体育科学训练中心场馆智能化升级改造，打造智能化科学训练基地。加快体育装备、训练器材和科研仪器等更新迭代，提高训练过程和状态监控的科学化、信息化水平。依托现有机构建设我国教练员学院，完善各类教练员继续教育和职业培训。制订实施精英教练员千人计划。统筹整合现有资金渠道，建立面向全球的体育科研、医疗、康复等科学训练专业人才招募合作平台，配套建设科学的培养支持机制和绩效考评机

制。以国家体育训练中心为龙头，以地方体育训练基地为支撑，在全国范围内规划布局区域性、特色化的训练中心和基地，吸纳高校等社会优质资源建设竞技体育后备人才培养基地。

（五）科技应用体育场景，助力奥运

依托高校、科研院所、高新技术企业，围绕科技攻关，聚焦奥运备战，培育建设 5 ～ 10 个国际化体育科技合作平台。组建各项目国家队复合型科研医疗团队，对国家队日常训练中的体能训练、机能监控、伤病防治、运动营养、数据管理与分析、信息情报收集与处理等方面提供及时、有效的科研医疗保障，优化团队运行管理及绩效评价。建设国家队训练大数据管理系统，加强对运动员基本信息、训练计划和执行、训练过程机能指标监控、训练专项指标测试、体能指标测试、技战术诊断与分析、大赛选拔、伤病及康复、膳食及营养、心理训练等数据的规范和管理，科学分析、指导训练参赛工作。组建大型赛事科研医疗保障营，整合国内高水平医疗、体能、康复、心理、营养等方面人才，引进外国专家，配备先进的科技、医疗设备，完善赛事科研医疗保障工作机制，提升赛事科研医疗保障服务水平。

七、创新我国体育产业要素，增加产业附加价值

创新是发展体育产业的重要抓手，要解决当前体育产业发展的核心问题，首先，需要思维模式创新，突破传统的体育产业发展思维定式，以系统的产业模型指导体育产业发展。其次，创新体育项目的产品和服务，用自主的 IP 项目更多更广泛地满足体育运动爱好者的消费需求。最后，创新体育产业的商业模式，通过打通体育产业链形成基于产业链上下游的内在商业模式，同时把体育产业融合于关联产业平台上形成跨界商业模式，从而借助关联产业的增值获得体育产业的收益。

（一）思维模式创新，体育产业发展规律

首先，要对体育产业有一个新的认识，体育事业是体育产业发展的基础，体育事业是应该由国家投入来做的，比如体育运动进校园和一部分体育场馆的建设，这些都是不以盈利为目的的；体育产业应该由企业来做，如果盈利了企业就是在做产业，如果不盈利企业就是在做事业。企业的盈利能力取决于是否找到好的商业模式，所以，体育事业和体育产业差别在于商业模式。

其次，以全产业链的角度去系统思考体育产业，体育运动项目是产业发展的核心。产业的思维就是围绕体育运动这个主体产业，梳理体育产业的产业链，如何把运动项目的产业链打通，使得产业过程中每个环节都能形成足够多的商业模式和盈利模式，同时跨界到关联产业中形成更多盈利模式，也就是说，必须要有用体育主体产业锁定客户，然后借助关联产业的商业模式去盈利，达到整体盈利的思维。

最后，体育产业发展的主体是企业。体育产业企业大致有四种形式：第一种是平台型企业，包含硬平台和软平台，硬平台包括体育场馆、体育旅游目的地等；软平台比如媒体平台、培训平台等。第二种是内容型企业，内容打造必须形成企业自身能掌握的IP，IP注册商标可以授权给其他机构付费使用。第三种是做延伸产业的企业，企业首先要有一个好的产品，然后在产业链条上面去设计商业模式，然后跨界到其他领域去找到商业模式。第四种是研发标准体系的企业，做标准的企业很容易成为一流企业，因为标准制定可以帮助企业获得权威性，使企业更具软实力和竞争力。无论是哪种形式的企业，都应该以设计商业模式为目标，把四种形式综合应用，形成“内容+平台+延伸+标准”的全产业模式，进而形成更多的可盈利方法。

（二）创新具有高IP价值的体育赛事和活动产品

以冬季运动为例，为更好地筹备2022年冬奥会、冬残奥会，国家开始着力促进冰雪产业发展，开始积极培育冰雪赛事，拓展冰雪赛事市场，促进办赛主题多元化，推进冰雪赛事类型和业态呈现多样化。国家加大了对冬奥会、冬残奥会的预热活动和对体育运动知识的宣传，越来越多的人会对体育项目逐渐从了解到关注。此时需要进一步联合央视媒体和新媒体，打造优质赛事IP和运动明星，吸引粉丝关注形成“眼球经济”，扩大体育运动参与人口，来推动体育产业快速发展。体育运动收视用户数量决定了营销可触达的范围，活跃用户数量更高的体育视频、社区类平台，在推动体育营销的过程中，自然地能触达到更广泛的群体，从而提升媒体平台的广告价值。

冰雪赛事经济潜力惊人，到2025年冰雪产业的市场规模预计达到1600亿元。赛事的地点也将打破北方城市垄断的局面，部分南方城市逐渐具有承接大型冰雪赛事、开展娱乐型赛事的能力。商业赛事价值随着产业发展被逐渐放大，赞助商、俱乐部数量、价值进一步增加。随着关注度增加，赛事IP价值增加，变现渠道拓展。赛事种类日渐丰富，随着国内滑雪配套设施的完善以及冬奥会申办，越来越多的国际滑雪赛事正在登陆我国。而体育总局放开体育赛事的审批后，如万科松花湖冰雪马拉松这种集商业性、创新性、民间性的冰雪赛事如雨后春笋涌现。借助滑雪赛事的举办将有利于提升大众对滑雪的关注、激发大众对体育运动的兴趣。与此同时，举办世界大型滑雪赛也为举办体育赛事的竞赛流程上积累经验。同时在竞赛组织、赛事推广、裁判员培训等方面，培养优秀人才，有助于未来体育产业的健康发展。

（三）创新体育产业商业模式

体育产业成功之路，就是如何把“绿水青山”“冰天雪地”的体育资源变成一个个体育产品，最终把体育产品变成“金山银山”的体育产业化发展过程，这取决于在此过程中能否找到合适的商业模式。

商业模式设计的第一个层面需要通过产业链实现。体育产业链主要包括：体育组织（协会），体育运动明星，体育中介机构，体育综合赛事、联赛、业余赛事，体育赛事版权，体育俱乐部，体育媒体，体育场馆建设及运营，体育赛事票务，体育运动装备研发制造，体育运动纪念品，体育项目金融投资，体育运动保险，体育赛事彩票等环节，每个环节都有相应的商业模式。因此企业需要根据产业链延伸的规律，在产业运营中构建出商业模式群，避免只做产业链某个环节带来的单一收益风险，确保产业可持续发展。如果将产业链打通，产业链延伸越长，风险越小。因为如果主体产业环节赔钱了，但在上游能挣钱，在下游也能挣钱的情况下，企业依然能够平衡总的支出，甚至可以把主体产业作为免费环节，实现竞争优势，这个观念至关重要。

商业模式设计第二个层面是通过产业跨界融合实现的。跳出体育来做大体育产业，是一种融合发展的理念，比如在农村举办体育活动，促进农村休闲旅游的发展，可以帮助农民致富，这是用体育活动去振兴乡村的理念；体育促进了科技发展，很多的科技发明必须要有产品载体应用场景，因为未来体育成为人的主要生活方式，体育运动中应用场景会逐渐增多；通过拍摄体育电影促进文化产业和电影产业的发展；体育对于餐饮也一样都会有增值，对旅游产业、健康产业、科技产业、教育培训产业、特色小镇建设等都会有增值；只要设计出和关联产业融合的体育产品，就能够促进关联产业增值，只要能够分享到增值部分的利益，都将是体育产业的商业模式之一。

综上所述，在未来的发展中，要牢牢把握住体育产业发展的三要素：产品、用户和商业模式。在发展中要以企业为主体，辅以政府政策引导，通过扶持龙头企业，带动体育全产业链发展。鼓励体育培训、教育普及、俱乐部打造、联赛组织、装备研发制造、场馆建设改造、体育运动媒体传播（电视媒体、新媒体）等体育产业链中各个环节的快速发展。相信未来我国的体育产业将成为经济增长的重点行业，体育生活将成为人民的美好生活重要组成部分。

·分报告1·
中国体育产业发展环境分析报告

【导读】 改革开放以来，各项体育产业政策的出台逐步确定了体育产业的主体地位，建设体育强国目标的提出，使体育产业的发展进入了快车道。我国经济保持平稳运行，人们的体育消费需求不断增加，为体育企业带来强劲的发展动力。全民健身热潮的兴起、日益友好的人文环境等社会因素助推体育产业提质升级。区块链、大数据、人工智能技术的发展促使体育产业加快产业跨界融合。

当前，我国体育产业发展处于总体向好的发展形势。多项政策的出台释放了体育产业的发展活力，体育产业管理体制和管理机制的不断创新推动体育产业稳步向前，我国经济的高质量增长带动体育产业创新，日益开放与包容的社会环境吹响体育产业在全民运动、全民健身的号角，冬奥会的召开将全民运动推向新的高潮，5G时代的新技术则赋能体育产业更多新的发展可能性。

第一节　制度环境

体育产业发展面临政策利好，管理体制不断优化改革，管理机构设置趋向规范。体育产业政策经历了从1979年的起步阶段到2010年之后不断完善，显示出国家层面对体育产业的高度重视。面向“两个一百年”，积极推动体育产业内外部改革创新，增强人民体质，推进全民健身。

一、体育产业管理体制日趋健全

改革开放以来，我国体育产业管理体制进行了一系列改革。打破传统的体育事业局面，鼓励体育事业单位向经营性企业转变，体育产业的管理体制由不健全逐渐走向健全。

为了规范国务院行政机构的设置，加强编制管理，提高行政效率，1998 年 3 月 24 日，国务院第一次全体会议讨论通过了《国务院机构设置和调整国务院议事协调机构方案》，将国务院体育行政部门的名称确定为“国家体育总局”，由国家体委改组而成，列入国务院行政机构的第三序列——国务院直属机构（原来的国家体委属国务院行政机构第二序列）。

体育产业进行了一系列市场化管理的探索，职业化体育俱乐部出现，俱乐部制度开始实施，初步形成了以市场调节为主、宏观调控为辅的运行机制。

（一）体育产业管理体制沿革

1978 年，党的十一届三中全会做出了以经济建设为中心的重大决策。体育系统出台了相关政策试图打破依靠国家包办各项体育事业的旧局面，尝试吸引社会资金，转变经营管理体制。但这一时期体育产业的主体地位尚未确立，管理体制尚不健全，受计划经济体制影响，管理效益较低。1992 年，体育产业原有的管理体制受到了经济环境和社会进步的巨大冲击。1994 年，国家体委将 54 个体育运动项目分别划归 14 个国家体育运动项目管理中心，由管理中心管理各个运动项目。职业化体育俱乐部开始出现，以足球为先导，在原来“体共队”的基础上实施俱乐部制度。相继篮球、排球，围棋也成立了职业体育俱乐部。1994 年，我国正式发行体育彩票。经过市场化管理体制的探索，我国体育产业管理部门相继制定体育产业发展政策，初步形成了以市场调节为主的运行机制。

（二）体育产业管理机构设置

1-1

当前我国体育产业管理的机构可以划分为政府管理系统和社会管理系统。政府管理系统可以划分为一般管理系统和专门管理系统，见图 1-1。

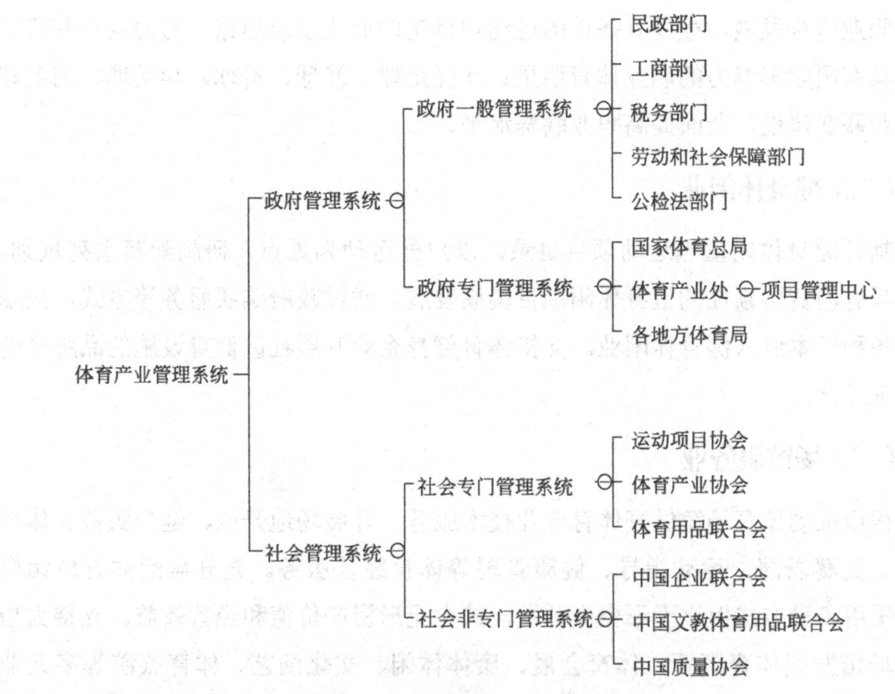

图 1-1　我国体育产业管理系统

二、体育产业政策制定日趋完善

我国体育产业政策制定发展可划分为四个阶段，分别是 1979—1992 年起步阶段，1992—2000 年探索阶段，2000—2010 年发展阶段，2010 年至今完善阶段。

1-2

三、体育产业行业规划日趋细致

《中共中央关于制定国民经济和社会发展第十四个五年规划和二〇三五年远景目标的建议》，明确提出“广泛开展全面健身运动，增强人民体质。筹办好北京冬奥会、冬残奥会”。面向“两个一百年”奋斗目标，研判全民健身和体育消费发展的大趋势，积极推动全民健身、体育产业细分行业规划发展。

（一）竞赛表演业

加强体育赛事评估，优化体育赛事结构，建立多层次、多样化的体育赛事体系。鼓励机关团体、企事业单位、学校等广泛举办各类体育比赛。探索完善赛事市场开发和运作模式，实施品牌战略，打造一批国际性、区域性品牌赛事。积极推进职业体育发展，鼓励有条件的运动项目走职业化发展道路，努力培育和打造一批具有国际影响力的职业体育明星。加强足球、篮球、排球、乒乓球、羽毛球等职业联赛建设，全面提高职业联赛水平。

（二）健身休闲业

制订健身休闲重点运动项目目录，以户外运动为重点，研制配套系列规划，引导具有消费引领性的健身休闲项目健康发展。通过政府购买服务等方式，鼓励社会各种资本进入健身休闲业。支持体育健身企业开展社区健身设施的品牌经营和连锁经营。

（三）场馆服务业

积极推动体育场馆做好体育专业技术服务，开展场地开放、健身服务、体育培训、竞赛表演、运动指导、健康管理等体育经营服务。充分盘活体育场馆资源，采用多种方式促进无形资产开发，扩大无形资产价值和经营效益。支持大型体育场馆发展体育商贸、体育会展、康体休闲、文化演艺、体育旅游等多元业态，打造体育服务综合体。推进体育场馆通过连锁等模式扩大品牌输出、管理输出和资本输出，提升规模化、专业化、市场化运营水平。

（四）体育中介业

重视体育中介市场的培育和发展，积极开展赛事推广、体育咨询、运动员经纪、体育保险等多种中介服务，充分发挥体育中介机构在沟通市场需求、促进资源流通等方面的作用。优化体育中介机构的组织结构体系，逐步建立公司制、合作制、合伙制等多种经营形式并存的格局，培育以专业体育中介公司和兼业体育中介公司为主的市场竞争主体。

（五）体育培训业

大力发展各类运动项目的培训市场，培育一批专业体育培训机构。鼓励和引导各地积极开展国际合作，创办一批高水平的国际体育学校。鼓励学校与专业体育培训机构合作，加强青少年体育爱好和运动技能的培养，组织学生开展课外健身活动。加强不同运动项目培训标准的制定与实施，提高体育培训市场的专业化水平。

（六）体育传媒业

大力开发群众喜闻乐见的体育传媒产品，鼓励开发以体育为主，融合文化、健康等综合内容的组合产品，积极支持形式多样的体育题材文艺创作。鼓励发展多媒体广播电视、网络广播电视、手机APP等体育传媒新业态。鼓励利用各类体育社交平台，促进消费者互动交流，提升消费体验。创新体育赛事版权交易模式，加强版权的开发与保护，鼓励和支持各类新兴媒体参与国内赛事转播权的市场竞争。

（七）体育用品业

结合传统制造业去产能，引导体育用品制造企业转型升级，鼓励企业通过海外并购、合资合作、联合开发等方式，提升冰雪运动、水上运动、汽摩运动、航空运动等高端器材装备的本土化水平。支持企业利用互联网采集技术对接体育健身个性化需求，鼓励新型体育器材装备、可穿戴式运动设备、虚拟现实运动装备等的研发。支持体育类企业积极参与高新技术企业认定，提高关键技术和产品的自主创新能力，打造一批具有自主知识产权的体育用品知名品牌。

（八）体育彩票业

加快建立健全与彩票管理体制匹配的运营机制。加快体育彩票创新步伐，积极研究推进发行以中国足球职业联赛为竞猜对象的足球彩票。加强公益金的使用管理绩效评价，不断提升体育彩票的社会形象。

第二节　经济环境

受世界经济下行压力尤其是2020年突发的全球公共卫生事件影响，体育产业的发展经受较大冲击。但总的来看，国内体育市场消费需求较大，居民的体育消费水平上升，城镇居民与农村居民之间的消费水平差距不断缩小，国内体育市场仍相对活跃。

一、宏观经济环境

落脚到体育产业的发展，我国当前的宏观经济运行情况对于体育产业的发展既是一种机遇，又是一种挑战。

1-3

首先，稳步增长的居民可支配收入有利于稳定体育产品和相关服务的供给。健康合理有序的市场环境是推动体育产业可持续发展的前提和重要保障。居民作为体育产品和相关服务主要的消费者，稳定的收入增长保障了体育产品和相关服务的稳定供给，这在一定程度上为体育企业和相关从业者带来了经营的信心。

其次，居民消费支出的下降一定程度上影响体育产品和相关服务的市场需求。严格的疫情防控措施使得线下的体育场所被迫关停，居民居家办公和抗疫，线下体育消费尤其是户外活动支出明显减少。但与此同时，居家健身带动了线上体育消费的增加，不断增长的线上体育消费的需求一定程度上弥补了线下体育消费的减少。

最后，经济发展的不均衡带来体育消费的不均衡。我国东西部经济发展不平衡，不同经济水平城市之间发展的差异大，体育消费只会在某些局部的发达地区或城镇可能有比较明显的经济增长效果。

因此，我国体育产业要想获得较快的增长，就目前的经济发展来看，只会在某些体育消费较大的局部地区可能有所实现。

二、微观经济环境

1-4

从体育产业具体分类发展来看，体育竞赛表演活动、体育经纪与代理、广告与会展、表演与设计服务，占总产出低于2%，增加值仅在1%左右，发展较为缓慢，可能与整体的市场需求调整有较大关系。加之，我国东西部发展不均衡，地方体育产业活跃度不够，以体育事业为主，这两类体育服务需求较低。以上数据分析可知，我国体育消费需求不断增加，体育用品及相关品制造、体育服务业、体育竞赛表演活动、体育健身休闲活动等行业增速明显，为体育企业发展提供了方向指导。

从体育产业内部结构来看，我国体育产业呈现出内部发展不均衡的特征。体育服务业与体育用品及相关产品制造占体育产业总产出的96.8%，其他十类体育行业总产出之和占比仅3.2%。由此可见，体育产业发展的内部结构性问题较为突出，如何进一步促进体育产业细分行业的均衡发展是体育产业管理者和从业者亟须解决的问题。

从体育消费角度来看，目前我国人均体育消费仅为发达国家的十分之一，潜力巨大，随着人均收入不断增加，运动健身消费将有质的飞跃；体育消费需求从传统的体育制造用品初次消费转向娱乐性消费、观赏性消费；年轻消费群体、女性群体对于新型体育运动的消费需求增强，如马拉松、冰雪运动等。

第三节 社会环境

我国较大的人口基数、不断增加的受教育人口、人们体育健身意识的增强以及对老年群体健康需求的关注等为体育产业的发展创造了良好的社会环境。

一、人口增长环境

1-5

人口环境的变化对体育产业发展提出了新的要求。一是体育受众层次更加多元化，老年人口的体育需求需要得到关注和满足。青少年和老年人口均是体育产业重点关注的受众，尽管中青年群体是体育消费的主力军，但是青少年和老年人口的体育消费需求在疫情之后将得到新的增长。二是体育产品和相关服务的供给质量需进一步提高。随着我国居民收入水平的提高和消费需求水平的提高，需进一步加快体育产业供给侧结构性改革，提高体育产品和相关服务的供给水平，制订行业发展规划，对体育从业者起到一定的约束和激励作用。

二、社会文化环境

在我国体育领域，体育文化的概念出现比较晚，直到20世纪70年代，才开始得到重视。随着人民收入水平的提高，体育健身意识增强，体育消费水平持续增长，到21世纪，全民健身真正上升到国家战略层面的高度。体育产业是根据体育内涵所做的延伸，要重新认识人文体育。人文体育不仅仅是人文关怀，还是满足娱乐生活的需要。体育娱乐是一种相对健康的娱乐，也是一种可持续性的娱乐。从我国体育发展的历史来看，受儒家文化和教育制度的影响，“重文轻武”的观念在我国居民中仍存在，尤其是学校教育中体育课在很多地区重视度不够，在一定程度上限制了体育社会化的普及，从而间接阻碍了体育产业的发展。

1-6

新中国成立后，虽然我国体育获得了较快的发展，但一直在计划经济体制下以公益事业的形式存在，导致在较长一段时期内“花钱参与体育活动”“花钱观看体育比赛”等体育消费观念暂时还不能完全被居民接受，从而影响到体育消费市场的形成与扩张，体育产业的发展形成不利的局面。

1-7

三、人口老龄化环境

我国人口平均预期寿命延长，国民整体健康水平有较大幅度的提高。老年人自身的健康需求较大，体育产业如何满足老年群体的健康需求，为老年群体提供多样化的体育消费，是体育企业关注的一个重点。老龄化进程的加快，意味着体育产业的消费主力军不再是单一的中青年群体。老年群体对体育消费的需求质量更高，老年群体的消费水平较高，如何针对老年群体设计有针对性和高品质的体育活动、体育服务是体育从业者面临的新问题。与此同时，这将催生更多新的针对老年群体的体育企业，专门提供满足老年群体体育健身需求的产品和服务。

第四节　技术环境

当前，我国技术创新氛围浓厚，技术创新支出增加，技术创新水平还需进一步提高。体育产业与区块链技术、人工智能技术的“合作”不断加强，有利于加快体育产业创新发展，催生新业态，推动体育产业的革新。目前已有体育企业开始尝试发展智能体育，但体育企业的技术创新能力有待提升。

一、整体技术环境

2020 年国民经济和社会发展统计公报统计，全年研究与试验发展（R&D）经费支出 244 26 亿元，比上年增长 10.3%，与国内生产总值之比为 2.40%，其中基础研究经费 150 4 亿元。我国先进的网络应用技术和庞大用户群体支撑多种形态的互联网 + 体育、数字 + 体育、AI+ 体育等新业态。这些规模经济极为显著的应用，是我国体育产业巨大的增长点。特别是我国拥有 10 亿级网络用户，提供的市场规模远远超过其他国家。数字技术、智能技术已经在体育多个领域广泛渗透。在运动健身服务业中，数字感应技术可以实时感知人体运动的生物学信息，在大量数据基础上形成更为科学的人体运动能耗规律和运动辅导建议，消费者可以在家庭小型健身设备上健身并从线上得到科学指导。互联网体育服务社区丰富了运动健身服务的种类，现在体育健身服务类 APP 已有 7 大类千余种，其社区功能不断为用户创造出个性化的专业服务。体育场馆智慧化的实现使得观众不断获得赛前、赛中和赛后的更佳体验。体育数字传播可以利用信息与数据挖掘等技术将场外和场内赛况信息汇集到网络直播平台，调动场内外的互动，提高用户的参与度和娱乐度。这些技术的应用，极大地方便了消费者参与和观赏体育活动，极大地提升了消费者的参与度和娱乐感。

总的来看，我国整体技术创新水平不断提高，技术创新环境良好，为体育产业技术提供了利好的发展环境。体育＋技术跨界融合发展成为体育产业发展的重要趋势。

二、体育产业＋区块链

1-8

当前体育产业众多产业门类存在不同程度的问题，体育彩票存在监管缺失风险，过度中心化，后台数据不能公开，容易产生数据作假，助长违反法律和道德的行为；体育IP存在价值认定混乱的问题；体育产业大数据失真问题，体育用品业监管难问题，等等。

区块链主要是由数据层、网络层、共识层、激励层、合约层和应用层组成，数据层是底层的加密，包括时间戳和基本的算法；网络层是点与点传播数据的机制；共识层是集中达成共识、信任的层面；激励层是利用经济方式鼓励区域链的启动和运行；合约层是网络签订脚本、算法和智能的协议；应用层是提供各种实施的场景和案例。区块链技术目前已开始应用在金融、教育、医疗健康等领域。

区块链技术的出现可以帮助解决这些痛点。黄道名等人将体育产业场景选择ASMI四步法分析体育产业目前存在的痛点可以适用区块链技术进行解决。运用区块链技术的防篡改流动、可追溯使用、多方共识维护、去中心/多中心、透明开放、状态一致、强依赖密码学等技术，可以有效缓解体育产业门类当前存在的问题。张立波等人则认为基于PCMR模型证明借助区块链的核心理念和关键技术能达到重构体育产业供给方式、量化产业价值、凸显版权运营、规范交易流程、实现协同创新的效果，在帮助体育产业重塑内外部信任机制的同时，充分打通和延展以IP为核心的、纵横交错的体育产业链条，最大限度地规避运营风险、提高合作效率，从而实现体育产业生态系统整体的良性循环。但区块链与体育产业融合的具体实践仍处于起步阶段，私有链、联盟链和公有链无缝衔接的合作关系有待持续优化。

三、体育产业＋人工智能

1-9

人工智能的发展离不开大数据，体育产业也将更重视对于数据的收集，为将来人工智能在体育产业的更多应用打下基础。体育创新实验室工作人员认为当下体育科技主要集中在五个领域：运动数字化、智能场馆、新型体育赞助、沉浸式媒体、电子竞技。当前全球大约有700家科技公司从事运动数字化，包括可穿戴设备、智能训练软件等；智能场馆包括和球迷的互通，停车等方面，目前大约100多家科技公司；新型体育赞助的核心是如何利用球迷信息，提高赞助效果，更好评估赞助效率；沉浸式媒体包括目前流行的增强现实，以及实时球迷互动；电子竞技尽管相对很新，但是潜力很大，目前在传播、线下活动等各方面，都有很多科技公司。

人工智能在体育产业中运用，将会对体育产业产生重要的变革，具体表现在以下三个方面。

一是提高竞技体育专业化水平。人工智能的出现可以弥补人为的不准确性，利用大数据对体育项目进行更为科学的规划与指导。以专业训练为例，通过人工智能对训练、备战和比赛情况等海量数据进行处理和大数据分析，教练员可以适时调整策略和排兵布阵，运动员能够更好、更有效地训练，从而提升运动员及球队的技术水平，优化运动员的实时表现和场上状态，谋取更佳成绩。

二是增强体育健身的科学性。在“互联网+”影响下，全民健身活动正向智能运动、科学运动、互联网化的方向发展，以应对人们在自身健康指标、运动塑身塑形等细分层次上的更高诉求。可穿戴设备的兴起及运动器械的智能化，不仅给全民健身运动带来了科学指导，而且改变着人们的健康生活和运动轨迹。而随着我国全民健身活动的广泛开展和民众健身需求的大幅提升，人工智能健身用品也在不断更新换代。在2017中国国际体育用品博览会上，许多新的人工智能健身用品引发人们的热评与青睐。又如，由亿健公司研制的跑步机精灵Magic，拥有支持人脸识别、语音控制、心率调节速度、调节跑带柔软度等人工智能技术，具备自我感知、自我思考、自我判断三大核心能力，能够通过智能运动心率遥控器实时监控人的心率变化，并根据心率动态控制跑步机的速度。它不仅仅是一台机器，它还可以与人互动，适应用户的个人需求，为用户创造最为舒适的云顶条件，提供更加方便高效的运动生活方式。

三是促进体育产业转型升级。人工智能除了可以实现运动员精准训练、裁判公正裁定和科学锻炼等基本工作外，借助人工智能和大数据等新技术将极大降低劳动成本，成倍提高生产率，优化行业现有产品和服务，提升质量和附加值。人工智能和大数据将创造新市场、新就业、新商机、新贸易、新投资，促进我国体育产业转型升级。在体育场馆服务方面，人工智能的运用，不仅促进了体育场馆的升级改造，而且充分释放了其商业价值。例如，鸟巢运用智能化建设和智能化服务，为观众和游客提供更加完美的体验，至2015年底，实现了约2亿元的年均营业收入。2016年以来，鸟巢又联手阿里体育，运用阿里云计算技术、移动互联网平台、数字营销平台等资源，推动鸟巢进一步改造升级，实现智能化、互联网化和数据化运营管理，最大化实现场馆经济效益。在赛事运营和传播方面，人工智能不仅可以帮助预测赛事，而且可以创新体育赛事的传播方式。体育大数据公司研制的DeepCube，每天自动抓取全球超过万条的新闻，并从中筛选出3000条信息，以大数据+人工智能解读比赛基本面、媒体报道，从而衍生出了高斯基本面指数、新闻风向标等具体指标，指导球迷和彩民更科学地认知足球比赛。目前足球魔方人工智能的整体预测准确率约为71%，表现超过业内专家推荐的平均水准。

目前国内体育科技公司的创新技术较少，人工智能技术的运用还处于较低水平。Keep是为数不多的中国体育科技公司，在2019年CES展会上展示了两款产品，一个是运动垫，一个是智能单车。相比其他公司，来咨询的人并不多。无论是宣传，还是科技含量，我国的公司尽管迈出了一步，但是还有很长的路要走。

四、体育产业+其他智能技术

智能体育开始加快发展，已经成为重要的新体育类型。智能体育是利用智能装备，突破传统健身受空间与时间的约束，实现传统体育的智能化和网络游戏的现实化。参与者可以足不出户，在室内小空间体验山地骑行、滑雪、高尔夫球等对场地要求较高的运动。例如，智能骑行通过人、智能骑行台、智能骑行软件的组合，让选手可以在任何时间、地点与任何骑手一起畅骑世界经典骑行赛道。智能体育需要虚拟现实、物联网、云计算、大数据等高新技术植入，将设备器材数据化、网络化、智能化、娱乐化，并且通过可以量化的数据统计进行排名，开拓个人的体育社交。

国外智能体育起步较早。创建于2012年的Peloton公司以智能动感单车起家，如今不仅生产健身硬件设备及配套的平板电脑和软件，还自行制作视频流媒体内容供用户订阅，建立了自己的零售体验店网络，实现了产品服务生产交付的垂直一体化。Peloton有着较高的用户活跃度，这首先得益于其高质量的流媒体订阅内容，公司在内容制作上大手笔投入，提高了用户留存率、互动性和趣味性；得益于平台上的优质教练，美国健身群体迷恋“明星教练”，通过互联网设备将这些教练连接到家用场景，帮助家用场景健身渐成潮流，成为市场的增长主力。现在，Peloton已就IPO事宜与高盛、摩根士丹利等进行接触，有望成为全球家用健身领域估值最高的公司。

智能体育在我国也开始逐步发展。2018 年 7 月举办的首届全国智能体育大赛，包括智能骑行、智能赛车、智能高尔夫、智能射击、智能滑雪、智能健身、智能跑步、智能足球等 18 个项目，先后在全国 100 余座城市展开共 106 场赛事，吸引了 230 万人报名参赛。

·分报告2·

中国体育产业现状分析报告

【导读】改革开放后，我国体育产业经过40多年的发展，产业规模不断扩大，并以超出我国GDP增长率的速度持续递增。但与发达国家相比，我国体育产业的规模还有较大差距，这也说明我们未来的发展潜力巨大。为保证我国体育产业的持续高增长率，逐步缩小与发达国家在产业规模上的差距，我们应对我国体育产业发展现状进行认真分析，立足体育产业消费端，加快体育产业供给侧结构性改革，满足我国居民日益增长的体育需求。

本章主要对我国体育产业的规模、结构以及产业市场现状进行归纳性分析，总结我国体育服务业和体育产品制造业的特征，指出其各自的未来发展方向；根据双层市场理论，从产业两头的投资和消费两个方向，对我国体育产业的要素市场和商品市场分别进行现状分析；针对制约我国体育产业发展的两方面问题：一方面是存量结构的合理调整，一方面是增量增长方式的合理选择，分别提出了相应的改革目标和建议。

第一节　中国体育产业发展现状分析

我国体育产业初步形成了以竞赛表演和健身休闲为驱动，体育用品为支撑，体育场馆、体育培训、体育中介、体育传媒等业态快速发展的良好态势。与此同时，我国体育产业结构发展不平衡现象也日益凸显，主要表现在核心产业滞后、区域结构趋同、关联效应不强、有效供需不足、产业附加值低、区域发展失衡、体育用品层次及标准化程度低。造成以上不平衡的原因有很多，但总体来说，我国体育产业失衡的问题不是一个单纯的结构转换问题，而是我国现代化过程中不可避免的历史发展过程。

一、中国体育产业规模

2-1

体育产业总产出（也称总规模），指一个国家（或地区）所有常住单位在一定时期内生产的所有体育货物和服务的价值，反映常住单位从事体育生产活动的总规模。常住单位指在我国经济领土范围内具有经济利益中心的经济单位。

二、中国体育产业结构

2-2

从体育本质功能角度看，我国体育产业最大的结构失衡表现在群众体育产业与竞技体育产业的关联断裂，二者本应具有的普及与提高的关系并未得到显现。而事实是，竞技体育产业形成了一个自我循环系统，群众体育产业发展羸弱并且相对应的管理体制处于缺位的状态。

从产业经济学来分析，我国体育产业的功能障碍主要表现为以下特征：第一，竞技体育主导型投资结构在消减群众体育传递功能的同时，也使竞技体育产业本身独立于群众体育之外，成为自我服务、自我扩张的畸形产业，而没有依靠群众的体育需求效应维持其增长条件；同时国家对竞技体育基本采用全包形式，群众体育衰萎对竞技体育数量扩张的短期制约似乎并不突出。第二，竞技体育产业吸纳资源的能力和增长惯性，迫使稀缺资源的分配结构向竞技体育倾斜，形成相对稳定的资源分配架构，因而体育产业政策的每次调整，实际上都是以倾斜的存量结构为基础，而不可能以已经失重的群众体育产业为基础。第三，群众体育作为需要一个国家人民对体育普遍、正确的价值认同和在此基础上产生的体育需求的宝贵的心理资源的产业体系，当价值目标扭曲和资源分配结构严重地向竞技体育倾斜时，其发展潜力和结构分化力度只会随体育生产总量的扩张而消减，进而失去其作为基础产业的功能。第四，自我循环、自我服务的竞技体育产业体系，降低了产业关联度，竞技体育基础不足的特征在新的存量体系中表现出来并随经济增长而日益突出，常规或非常规调整均难以缓解存量结构。

造成以上产业功能障碍的原因有很多，如有效需求不足、管理体制障碍、扶持政策缺失、政府过度干预、商业运作水平较低等。从我国现代化发展过程的角度来看，我国体育产业发展不可避免地受到我国经济体制、政治体制改革的影响，我国体育产业失衡问题不可避免。

三、中国体育市场

生产是在机构单位负责、控制和管理下，利用劳动和资本等要素，创造新的货物和服务产出的活动。从经济学角度分析，体育产业的发展靠两头的市场，一边是体育产业生产要素投入市场，一边是体育产业商品消费市场（图 2-1）。最新的经济学理论提出，在当代全球化深入发展背景下，市场体系并不是一个统一、同质的平面世界，而是存在着生产要素和普通商品两个显著不同的子系统。现代期货与金融交易所的普及使基础生产要素有了生产投入品和金融投资品的双重属性。因此，在真实世界的经济运行中，要素市场和普通商品市场在主体结构、运行机制与价格形成上都存在显著不同。双层市场的存在说明，一国经济体系的生产与发展首先取决于国家参与建构的战略性基础要素市场的运行效率，同时也取决于双层市场各自的治理模式及相互关系。

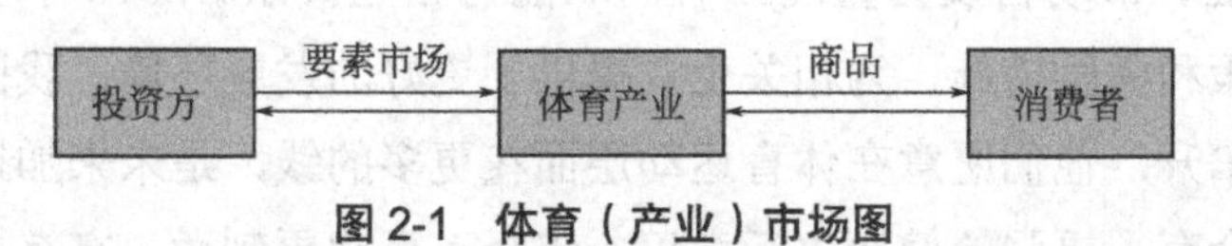

图 2-1 体育（产业）市场图

由于改革开放前，我国实行的是计划经济体制，国家生产什么，居民就消费什么，生产与消费是由国家或政府所制订的“计划”决定的。因此，对于我国体育产业来说，两头的消费市场与投资市场都明显滞后于体育产业的发展。按照西方经济学理论，无法解释诸多在我国体育产业发展过程中出现的问题，但是随着居民生活水平提高，人们的体育消费意识增加，体育产业内部的生产者与体育产品的消费者在逐渐形成商品交换的（消费）市场，相比较发达国家的市场规模，我国的体育消费市场依然是不成熟的。同时，在长期的计划经济体制下，我国体育的“事业”属性根深蒂固，既然作为国家“事业”，我国体育自然主要是依靠国家或政府的财政拨款进行生产和发展。随着改革开放的推进，中国特色社会主义市场经济体制慢慢形成，国家及政府的财政拨款开始大幅度减少甚至退出，我国体育也在从“事业”属性逐渐向“产业”属性转变。但及至今日，整体而言，我国居民的体育消费意识仍较为薄弱，体育产业预期的经济效益还不能吸引到足够成熟的投资者。因此，我国体育（产业）两类市场尚未形成规模。

在2014年，《国务院关于加快发展体育产业 促进体育消费的若干意见》（国发[2014]46号）颁布之后的四年多时间里，在市场火热的阶段，有资本助推，产业内的“热钱”很多，不过我们看到，有相当一部分公司被市场淘汰。禹唐体育执行董事李江认为，被淘汰的比例应该能达到70%～80%，资本催生很多新的公司进场，但是预期的市场体量与这些公司是否有关就要打上问号了。李江认为，在我国体育市场具有长久生命力的公司必须手握重要IP，这些IP可以是赛事、版权或者是运动员。因此，一些国外大公司可以在我国迅速找到立足点。至于国内的很多民间公司，如果没有成熟的商业模式，长期依赖资本生存注定是昙花一现。由此可见，我国体育产业生产要素市场的成熟还需要政府与企业做更多的努力。

普通商品市场核心竞争力不仅取决于要素市场形成的要素供给能力，同样也取决于该部门自身资源配置效率与创新能力。前者是普通商品市场效率的内生动力，后者是它的外生助力。对于两个运行规律截然不同的市场，不能简单套用相同的市场治理结构，应按照实事求是的原则，为不同市场类别探索与建立适应各自需要的市场治理结构。这里所说的市场治理结构，是指具体市场领域中的政府、核心企业、市场自发力量这三者的职能与相互关系。2016年至今，政府推出的积极政策和激励措施，为相关企业提供了更好的发展环境；我国中产阶级人口比例急速攀升，他们愿意在体育运动层面花更多的钱，是未来加速体育消费的主力军；民众有了更强的健康生活意识，年轻人喜欢更刺激、富有挑战性的生活方式，他们愿意为此投入时间和金钱。以上三个方面都会为我国体育市场的繁荣与发展注入新的活力。

针对以上所述两个市场的现状与特征，结合政府制定的“十四五”规划纲要，提出如下建议。

（一）优化（消费）市场环境

完善市场体系。建立全国统一、开放、竞争、有序的体育市场，采取有效措施，切实破除行政垄断、行业垄断和地方保护，着力清除体育产业中妨碍形成全国统一市场和公平竞争的各种规定和做法。实施体育产业标准化建设工程，制定体育服务规范和质量标准，提高设施建设、服务提供、技能培训、人员资质、活动管理、器材装备等方面标准化水平，推动建立公平开放透明的体育市场规则。

激发市场活力。加快政府职能转变，大幅度削减体育活动相关审批事项，实施负面清单管理，促进空域水域开放。结合行政体制改革、体育行业协会改革，进一步开放体育资源，激发市场活力，推动产业融合，不断调动体育社会组织、行业协会商会和市场主体的积极性和创造力，向社会提供丰富多彩的体育产品和服务。

打造服务平台。着力打造体育用品、体育旅游和体育文化等展示平台。建立全国体育产业投资项目库，加强对体育产业项目的招商推介工作。加快全国性体育资源交易平台建设，推进赛事举办权、场馆经营权、无形资产开发权等资源公平、公正、公开流转。完善政府在体育产业领域的管理服务职能，积极为各类体育活动举办提供“一站式”服务。进一步完善体育政务发布平台和信息交互平台，加强事中、事后监督。

（二）引导体育消费

深挖消费潜力。大力开展各类群众性体育活动，合理编排职业联赛的赛程，丰富节假日体育赛事活动供给，发挥体育明星和运动达人的示范作用，激发居民健身休闲消费需求。积极推行《国家体育锻炼标准》、业余运动等级以及业余赛事等级标准，增强项目消费黏性，提升健身休闲消费水平。加强体育市场需求和消费趋势预测研究，引导体育企业开发符合市场需求的体育产品和服务。以各类体育赛事活动为平台，加强资源营销，丰富体育消费文化内涵。

完善消费政策。支持各地建立体育消费个人或家庭奖励机制，鼓励有条件的地区面向特定人群或在特定时间发放体育消费“优惠券”。加强与金融企业合作，创新体育消费支付产品，试点发行“全民健身休闲卡”，落实相关优惠政策，实施特惠商户折扣。引导保险公司根据体育运动特点和不同年龄段人群，开放场地责任保险、运动人身意外伤害保险。健全学校体育活动责任保险制度。

（三）培育要素市场

随着居民生活水平不断提高，社会体育需求不断增长，体育产业未来盈利是可预见的，对体育产业感兴趣的投资商也会越来越多。但在产业发展初期，仍然需要国家及政府出台具体的政策加以引导和推动，才能吸引更多社会资金进入体育产业领域，从而实现产业规模扩张，产业的扩大又能吸引更多的投资者，逐渐形成一种良性循环机制。

第二节 中国体育产业发展特征分析

在党中央、国务院的高度重视和正确领导下，体育产业发展乘势而上，为国民经济发展和全民健康发挥了重要作用。总体上看，目前我国体育产业发展水平还不高，结构不尽合理；市场主体活力和创造力不强，产品有效供给不足，体育产业供给侧结构性改革亟待推进；公民体育健身意识不强，大众体育消费激发不够；市场在体育资源配置中的决定性作用尚未充分发挥；政策体系还不完善，体育产业公共服务水平有待加强，体育产业距离国民经济转型升级的重要力量还有明显差距。因此未来我国体育产业必须集中力量解决问题，方能长久健康发展。

一、中国体育产业发展总体目标

2-3

二、中国体育服务业特征与未来发展分析

三、中国体育用品业特征与未来发展分析

四、数字化时代的中国体育产业发展

体育的本质功能是为了满足人们更高层次的精神需求，是所有解决了温饱等基本生存需求后都会需要的一种人类文化。对体育的爱好和参与是人类与生俱来的需求，是人类的一种“本能”，这是当代体育产业发展的最根本的潜在推动力。要想将这种潜在动力转变为现实的有效动力，需要借助一定的外部科学技术手段，信息技术是传播和影响大众参与体育消费的最佳途径，未来“互联网+”将是体育产业最大的增长点。截至2020年12月，我国网民规模为9.89亿，远远超出美国和欧洲相加的数字。特别是我国以10亿计的网络用户使用同一种语言，这对互联网产品都是极为可贵的用户群。波士顿咨询公司（BCG）推出eGDP指标（eGDP是BCG主导开发的衡量互联网经济规模的指标，在2012年BCG和Google联合发布的《The Connected World-G20互联网经济》系列报告中首次使用这个概念。），其2016年研究报告指出，中国eGDP全球排序已居第二（6.9%），如果将ICT（信息通信技术）设备的进出口排除，中国排名第一（6.4%）。

京东大数据研究院最新发布的数据显示，2017年至2020年我国人均体育消费金额持续提升，2020年同比增长超三成。从年龄结构来看，最大的体育消费群体是 26～35 岁的青年人，占比超过四成；其次是 36～45 岁和 16～25 岁的群体，占比分别为 26% 和 22%。目前，体育服装、鞋帽以及运动器材和器械等实物是体育消费的主体。以各类体育培训、赛事报名和场馆预订等为代表的体育服务消费增长迅猛，消费占比不断提升。中国社会科学院财经战略研究院副院长杨志勇认为，随着人们收入水平提高，消费升级换代，其中包括体育消费数量的增多，也包括体育消费品质的上升。线上线下结合发展，是体育产业未来发展的重要路径。

国家统计局数据显示，2020 年全国 7 岁及以上人口中经常参加体育锻炼人数比例已达 37.2%。为调动各城市发展体育的积极性，2020 年国家体育总局启动“国家体育消费试点城市”建设工作。西安、厦门、成都、张家口等地正推进相关建设方案，推动体育消费模式创新、产品创新。其中，西安支持“体育＋科技”新业态，鼓励企业利用虚拟现实、人工智能、物联网等技术，发展体育领域智能穿戴设备研发制造，计划开发“西安智慧体育大管家”服务平台，实现对全市体育资源的整合分类、精准实时管理。厦门鼓励企业借助 VR、大数据、云平台、5G 等新技术，培育数字体育、直播健身、线上培训等新业态，创新体育消费场景。成都致力于实施体育消费创新工程，打造体育消费示范性新场景。张家口推动“体育＋互联网”融合发展，计划发展全市统一的体育惠民公共服务网络平台。

国务院印发的《全民健身计划（2021—2025 年）》，强调提供全民健身智慧化服务，推动线上和智能体育赛事活动开展，支持开展智能健身、云赛事、虚拟运动等新兴运动。信息技术为体育产业提供了全然不同的发展条件。事实证明，近年来，在推动全民健身事业发展的过程中，通过数据赋能全产业链协同转型已初见成效，开始释放出体育服务和体育消费的新模式、新动能，并为改善百姓生活方式、倡导科学健身、提升大众健康提供了系统支撑。以观看职业体育竞赛表演为例，以前只有少数人能够现场观看，最大的体育场馆座席数也只有几万，现在一场精彩的体育比赛是以全世界的体育观众为市场，观众可以达到上千万、上亿甚至更多。互联网、卫星电视、数字技术等为体育竞赛表演市场的不断扩大提供了可能，并且使相关体育产业的利润呈几何倍数的增长。“随着数字技术的发展，越来越多的人在感知体育、参与体育。”华东师范大学体育与健康学院副教授马德浩接受《中国体育报》采访时说，从奥运冠军成为“带货顶流”这一现象，可以看出数字技术在打造“注意力经济”方面起了巨大作用。

同样的，其他体育服务业也因网络技术的发展而大大提高了效率，如互联网+健身为健身行业开拓了新的发展机遇。近年来，各类互联网+健身软件扩大了健身用户的范围，移动支付的普及使自助服务更加便利。如美国的健身俱乐部 Anytime Fitness 依托互联网，将俱乐部主要建在社区，全年全天候开放，通过大量门店覆盖的形式满足顾客更多的使用方式，会员可以去任意一家连锁健身门店。同时还采用先进的安全系统使顾客自助进入俱乐部，特别是线上支持和活动功能，对会员的实际健身状况和饮食状况等进行追踪、分析、规划等。目前已在全球超过 30 个国家开设了超过 4000 家门店。

国内的健身 APP 在近几年发展也非常迅速，如 2015 年 2 月 4 日上线的 Keep，被评为“APP Store 年度精选应用”，影响着约 1.5 亿人的运动方式。该 APP 提供健身教学、跑步、骑行、交友、健身饮食指导、装备购买等一站式运动解决方案。互联网 APP 的优势不仅体现在信息全，平台上可以全方位地展示产品相关信息、图片，甚至动态视频，还体现在跨越空间、时间，低成本，互动性强等方面。根据 AT 科尔尼咨询公司的统计，在 21 世纪前 10 年的时间里，体育产业的增长在全世界跑赢了 GDP 增长：美国体育产业的增速是 GDP 增速的 1.9 倍，英国是 3.8 倍，法国和德国都是 3.5 倍，巴西和墨西哥分别是 1.7 倍和 3 倍，印度和日本分别是 2.1 倍和 3 倍。因此，互联网技术使体育产业的发展插上了腾飞的翅膀，在我国，新产业周期引领新科技时代，科技创新赋予体育行业发展新动能，将是未来 10 年的时代主题，如何借助信息技术，为我国体育产业创造更多的利润和价值，值得每一个体育产业从业者以及相关体育工作者认真思考。

第三节　中国体育产业市场发展特征分析

根据马斯洛的需求层次理论，在满足温饱需求后，人们会转而追求精神层次的需求。随着人们生活水平的提升，体育消费逐渐成为人们日常生活中一种重要的生活方式。体育消费与普通的娱乐消费不同，消费者的消费行为、消费心理与消费需求等都具有独特性，需要具体分析。同时人们体育消费的日益增加也带动了相关投资涌入市场，当前我国体育产业市场发展机遇与挑战并存，需要具体探究。

一、体育消费特征与特点

社会生产力发展到一定阶段，在人们的生活消费中，体育消费成为其中一个重要组成部分，同时也是现代生活消费中必不可少的一部分。它是人们在理解体育功能价值的基础上，根据自己的需要和条件，在寻求、购买和使用体育产品（服务）的行为过程中对体育消费资料的使用和消耗。从经济学角度讲，体育消费是指人们支付一定货币所购买的体育效用的经济活动，它是体育产业存在的前提和发展动力。

2-4

二、中国体育产业消费市场现状与发展分析

2-5

现代经济学的理论，基本适用于普通商品市场（消费市场），企业之间的自由竞争与自发运动基本上可以达到资源有效配置，那么政府主要职能就是维护公平竞争，比如反垄断、环境保护、食品安全等产业规制行动。在普通商品市场领域，市场在资源配置中起着决定性作用，政府的更好作用则体现在为市场政策运行提供维护性规范管理方面，近似于古典经济学中政府作为市场经济“守夜人”的定位。对于我国体育产业而言，社会主义市场经济条件下扩大体育资源，要积极利用市场机制的杠杆。我国现阶段，市场配置资源的作用发挥不够，需加快改革进程，政府要进一步放权，让市场主体自主决策自主运营。

三、中国体育产业要素市场现状与发展分析

2-6

根据双层市场理论，国家政治权力与公司资本权力对要素市场的介入与建构使战略性生产要素市场成为具有权力等级结构的市场。结果是，战略性基础要素市场往往远离自由竞争，其价格形成远离均衡价格；国家、资本与市场自发力量的互动博弈决定战略性要素的供给能力与价格水平。为此，政府如何构建这个双层市场的关系，便决定了整个经济体系的效能与效率。

虽然过程中，也会有失败的案例出现，但整体而言，随着国民经济水平不断提高，生活方式的进一步转变，国民体育需求持续增加，未来的体育产业发展必将会进入又一个急速增长的“辉煌期”。

第四节 未来中国体育产业发展目标模式的架构

全面建设社会主义现代化强国的新命题实际上也给体育产业的发展指明了方向，即应该把和谐作为体育产业发展的总方向。显然，如何找到合理的存量结构调整

和增量增长方式对于建立和谐社会的体育发展是不容忽视的问题，因为体育产业几乎把握着体育的全部资源，它的发展必然可以全面推动体育的发展。

一、中国体育产业存量结构调整的目标

“产业总量增长并不会自动形成结构合理，并带动结构成长，因此，逻辑的顺序应该是改革结构，促进结构合理化，以此推动持续增长。”赶超经济以倾斜资源配置结构为主要内容的动态性结构特征，在加速现代工业发展的同时，其带来的结构失衡也往往导致对增长的障碍。产业经济结构失衡矛盾的长期积累，必将使产业发展由高速增长进入增长减速或停滞的调整期。过度偏重竞技体育部门的倾斜资源配置，将进一步扩大竞技体育部门和群众体育部门在劳动生产率和收入分配上的差距，后者发展停滞，将使前者积累的外部基础受到损害，从而影响到竞技体育部门的发展以及整个体育产业的发展进程。我们希望通过投资结构对存量结构的直接作用来引导产业结构发生变化。改变各部门的投资比例可以在一段时期内调整资本的存量结构，达到产业结构调整的目的，使不同产业的资本存量相互流动以改变资本的存量结构。

但是，我国体育产业投资结构调整存在着许多障碍，有些障碍甚至是难以跨越的。产业内部各部门之间资本存量流动的限制影响资本存量结构的优化，导致产业结构变化只能依靠社会投资总量在各行业领域的增量调整。由于各行业年投资量占资本存量的比例很小，增量扩张未能促进体育产业内部的分化与重组，产业结构仍处在低水平状态下。因此，体育产业投资结构不会引起已有体育产业结构的根本变化，它们的变化只能以渐进的方式进行，每轮增量扩张基本上是对原产业结构状态的重复，行业增长与衰退都没有成为产业进步的契机。于是，体育产业体系在微观层次上失去调整弹性，只能以增量调整代替存量调整，这种消极、被动的调整难以将体育产业体系推入高水平循环。

因此，根据社会现实客观条件的要求，改善目前我国体育产业存量结构的核心目标就是克服现有产业结构扭曲所带来的为广大群众提供体育服务的功能的缺失。面对经过半个世纪积累所形成的庞大的竞技体育产业存量和孱弱的群众体育产业存量的事实，我们的根本任务就是将竞技体育大量存量结构中的技术、资本等资源转移到服务于群众体育发展的方面，这样既可以避免大量存量资源的闲置和浪费，又可以节约社会再投入的成本，并且逐渐缓解竞技体育产业与群众体育产业失衡的局面。对于各产业可采取如下基本策略：

2-7

二、中国体育产业增量增长方式的目标

城市内社会结构的多元化规定了体育产业的发展必须符合人们日益增长的体育消费水平和消费需求的多样化趋势。于是，体育产业必须克服以往的群众体育服务功能缺失的障碍，所以，新的增量增长方式要以大众的娱乐健身业为主要投资方向，对于促进群众体育发展的各种市场或民间的组织机构给予资金上的赞助或政策上的扶持，以尽快扩大群众体育产业的存量基础来实现其增量扩张。

总的来讲，产业结构优化升级的基本途径是存量调整与增量调整相结合，以存量调整为主，在存量调整的基础上进行增量调整；在增量调整中，基础建设与技术改进和制度创新并举，以技术改进和制度创新为主，在此基础上再进行基础建设。对于我国已经出现产业结构扭曲和产业关联关系断裂现象的体育产业而言，存量调整和增量调整都是不可缺少的，存量调整虽然只是对原有的体育产业部门进行重新组合，但它可以在不增加新的投资的条件下，优化组合原有生产要素，重新开发利用原来大量的闲置资源，淘汰劣质产品或服务，使生产要素向市场需求力大的优势产品和产业集中，从而促进体育产品和产业结构优化。增量调整有利于建立新的产业部门或组织，只要投资的方向符合社会现实客观条件的要求，对从根本上改变不合理的中国体育产业格局亦会发挥重大作用。

2021

·分报告3·

中国职业体育发展报告

【导读】职业体育是体育产业最璀璨的“明珠”，它不仅在体育产业消费端受众关注度最高，也是体育产业供给端中投入最高的内容之一，还是体育产业发展水平高低的最直接代表，更是体育竞赛表演产业的核心业态。职业体育从全球范围看，起始于19世纪中后期，20世纪初在欧美迅速兴起，经过一百多年的发展，目前已成为体育产业中综合价值最高的业态。

我国职业体育起步晚于世界发达国家百年左右，从20世纪90年代初开始，足球、篮球、排球等项目才陆续走上了职业化发展道路。在20多年的发展中，历经初期的试水和探索，成长期的球市火爆、问题滋生、关注度起伏、金元竞争，改革期的不稳定、迷茫等过程，获得了经验，也积攒了教训。在国务院办公厅2018年12月发布的《关于加快发展体育竞赛表演产业的指导意见》中，明确提出要大力发展职业赛事。在政策的驱动下，从2019年开始我国职业体育迎来了改革和突破发展的关键时期，但是2020年初爆发的新冠肺炎疫情，使得我国职业体育的改革与突破又按下了暂停键，在2020年下半年中超和中职篮逐渐恢复疫情防控常态化下的赛会制，2021年上半年伴随着新一轮以足球为代表的职业体育改革政策出台，加之疫情影响而带来的经济增速放缓，使得各俱乐部的投资主体不同程度收缩了投资，我国职业体育特别是我国职业足球进入了“后金元”时代，促使职业体育需要尽快回归理性化发展，未来一段时间要在适应疫情防控常态化情况下探索以完善青训体系和提高观赏性为重点的新发展道路。

本章主要对 2018—2020 年度的我国职业体育发展情况进行概述，并重点分析了职业足球、职业篮球和职业排球三大市场发展情况，最后预测了我国职业体育发展的趋势，并给出部分发展建议，希望对我国职业体育发展有所帮助。

第一节　中国职业体育发展概述

我国职业体育始于 20 世纪 90 年代初期，1992 年 6 月 23—27 日，中国足协在北京西郊红山口召开全国足球工作会议（即红山口会议），会议以改革为主题，决定把足球作为体育改革的突破口，确立了“中国足球要走职业化道路”的改革方向。1994 年由中国足协举办的“万宝路杯全国足球甲级队（A 组）联赛”，正式开启了我国足球职业化的新时代。随后，篮球、排球、乒乓球等相继开启了职业化之路。1995 年由中国篮球协会举办中国篮球甲级 A 组联赛开战，1995 年由中国乒乓球协会举办的首届中国乒乓球俱乐部比赛举行，1996 年由中国排球协会举办的中国排球联赛问世。这些联赛的举行标志着各个项目开始尝试进入职业化发展模式。

一、中国职业体育发展阶段

职业体育是以职业俱乐部为实体，以职业运动员的竞技能力和竞赛为基本商品，以获取最大利润为目的的经营体系。我国的职业体育也是随着各个项目职业俱乐部的建立和运营来稳步发展的，在 20 多年的发展过程中，按照各职业俱乐部的成熟度来划分，可分为以下四个阶段，即初创期、成长期、阵痛期和改革期，目前正处在改革期。

3-1

二、中国职业体育产业链

3-2

三、中国职业体育 2018—2021 年发展概述和政策分析

（一）2018—2021 总体发展概述

2018 年到 2020 年我国职业体育在改革的大旗下前行，根据职业体育产业链，职业体育是涵盖范围非常广的业态，和我国体育产业分类中的多个大类都有交叉，

比如体育竞赛表演业、体育场馆服务、体育中介服务、体育培训与教育、体育传媒与信息服务、体育用品制造销售等。我国尚未对职业体育产值等数据做单独统计，目前将职业体育作为主要内容的体育竞赛表演业的产业数据可以作为行业参考数据。根据 2019 年 1 月公布的数据，以职业体育为主体的体育竞赛表演业，2017 年产值为 231.4 亿元，增加值为 91.2 亿元，占比当年体育产业总产值 1.1%，整体水平较 2016 年产值有了较大的增长，增长速度达到了 39.2%。

疫情爆发之前的 2018 年和 2019 年，在职业体育的重点业态中，职业足球市场继续保持增长势头，职业篮球市场在经过系列改革措施后呈现稳步提升，职业排球在经过赛制创新改良和加大市场推广后，市场有了较快的提升。其中 2018 赛季的中超联赛（男子）的电视直播覆盖全球 96 个国家和地区的 24 亿人口，共吸引入场球迷 577 万人次，场均 2.4 万人，单论上座率，仅次于德甲、英超、西甲、意甲和墨西哥超级联赛，居世界第六，中国平安保险（集团）股份有限公司以 5 年 10 亿元取得了 2018—2022 中超联赛的冠名权。据估算，2018—2019 赛季的中职篮的招商赞助收入为 8 亿元左右，版权费总和为 4.5 亿元左右。

在疫情爆发之后的 2020 年和 2021 年（截止到 2021 年 9 月），各类职业联赛都受到了较大的冲击，大部分的联赛在 2020 年下半年逐步开始恢复，比赛前期基本以封闭和空场为主，后期在防控措施允许的情况下允许适量观众入场观赛（其中据统计 2020 年有累计超过 9 万人次到场为中超联赛加油助威）。职业联赛在克服众多挑战与困难后商业化资源开发工作平稳进行，例如 2020 年中超获得覆盖 13 个行业的超 3 亿元的总赞助；2020 年 4 月，中职篮联盟与中国移动咪咕公司宣布双方战略合作升级及 CBA 新媒体版权续约，该合作从 2020—2021 赛季开始，长度为 5 年，合同总价超过 20 亿人民币。

3-3

（二）2018—2021 主要政策分析

1. 政策内容

2. 政策解读

这些出台的政策以问题为导向，当前存在的最大问题是总体规模不大。目前我国除了足球、篮球等少数项目走上职业化发展道路外，其他项目尚未形成一定的职业市场。体育发达国家如美国约有 20 个体育项目进入职业市场，其棒球、篮球、美式橄榄球、冰球和足球 5 个项目拥有近 800 支职业队伍，其中参加五大联赛高水平竞赛的商业队伍就达到 131 支。相比之下，我国职业体育的市场化、产业化程度还较低。该政策从总体要求、推进“放管服”改革、完善赛事体系、壮大市场主体、提升产业能级、改善消费环境、加强组织实施等方面，为加快发展体育竞赛表演产业提供有力的政策和制度保障。

第二节　中国三大球职业化发展情况分析

本部分通过我国职业足球、职业篮球和职业排球的赛事体系、俱乐部、联赛价值及具体案例，分析我国三大球职业化发展情况。

一、职业足球

3-4

（一）我国职业足球赛事体系

（二）我国职业足球俱乐部概述

（三）当前我国职业足球联赛价值分析

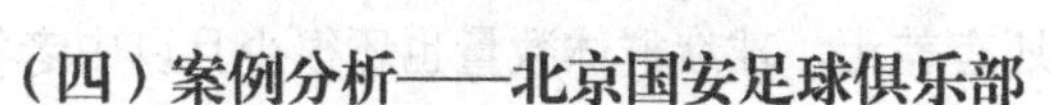

（四）案例分析——北京国安足球俱乐部

综上，职业足球是我国职业体育的热点之一，目前我国职业足球仍处在艰难的改革爬坡期，各家俱乐部也在依靠投资人的持续投入生存，尚未建立起职业足球良性循环发展模式，要按照职业足球的规律来运营联赛、经营俱乐部，进一步减少各级行政部门对职业足球的非专业化影响。同时，职业足球衍生的利益较大，必须建立起强有力的市场监管体系，保障其健康发展。

二、职业篮球

3-5

（一）当前我国职业篮球赛事体系

（二）当前我国职业篮球俱乐部概述

（三）当前我国职业篮球联赛发展分析

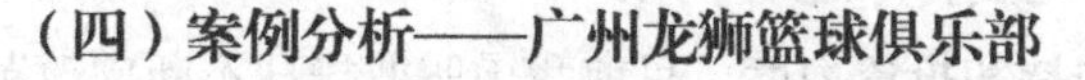

（四）案例分析——广州龙狮篮球俱乐部

综上，职业篮球已成为我国职业体育代表之一，当前 CBA 球队已经享受到了联赛改革与发展所产生的红利。在未来，只有继续努力提升球队的职业能力和竞技水平，CBA 球队才能获得更为长久和全面的生命力，只有靠着各方的努力来打造一个更加精彩、更具价值的体育顶级联赛，才能持续带来更好的收入。建议加大俱乐部青训和校园篮球体系的融合，培养球技一流、文化素养优秀的篮球职业运动员，成为社会的榜样。

三、职业排球

自1996年我国排球实现职业化改革以来，已经走过了25个年头，中国排球联赛改革不断向深水区迈进，以下从联赛体系、职业俱乐部、商业价值和案例分析等四个角度进行分析。

（一）当前我国职业排球赛事体系

3-6

（二）当前我国职业排球俱乐部概述

（三）当前我国职业排球联赛价值分析

（四）职业排球俱乐部案例分析

综上，职业排球相比职业足球和职业篮球，起步较晚。目前职业化水平还不高，竞技水平和欧洲高水平联赛还有差距，球迷群体数量也还很少且以中老年球迷为主，消费能力不强，社会关注度有待提升，面对这些需要提升和完善地方，建议近期从以下三方面进行重点发力。

首先，职业排球俱乐部市场运营机制的建立和完善。当前俱乐部采用的模式主要有专业队+企业赞助、体育局或体院+企业赞助、企业化自主运营模式，前两者仍没有完全跳出计划体制的范畴，但根据目前我国职业排球的发展现状，很难完全离开体育局系统的支持，在这种情况下，建议实行体育局与投资人（赞助企业）共同出资组建实体化俱乐部，以公司的形式运营，减少行政干预，按照市场规律自由进行球员转会和交易，吸引优秀外籍球员加盟，扩大联赛影响力。

其次，加大排球运动在青少年中的普及力度，大力开展校园排球，为未来职业排球挖掘优秀人才，培养排球爱好者和未来消费者，切实扩大我国排球的基础人口数量，吸引越来越多的人参与到排球运动中来。

最后，增加对职业排球的扶持和投资力度。目前我国职业排球不断向改革深水区迈进，要想实现跨越式发展，离不开大量资金的支持和投入。由于职业排球投资回报周期较长，在成长初期，政府管理部门应该通过扶持资金或基金等形式给予支持，保证联赛和俱乐部能够度过艰难的成长期。

第三节 中国其他体育项目职业化发展情况分析

一、职业高尔夫

3-7

建议未来我国职业高尔夫球运动在以下方面做出改进。

第一，要改变对高尔夫运动的刻板认识，明确高尔夫球是一项健康时尚的大众运动，非贵族运动。在我国，由于高尔夫球项目起步阶段时的非常规现象，使很多群众将其与贵族运动联系起来。但随着人民生活水平的提高以及对于美好生活的需要，高尔夫球项目以其环保、促进经济发展、增加就业、健身减压等功能备受大众的关注和喜爱，已不再是令人望而却步的“贵族运动”了。

第二，优化环境作用，高尔夫球对于自然环境的影响很低，没有破坏绿水青山的建设。里约 2016 年奥运会高尔夫球场——马拉彭迪高尔夫球场是拥有 630 万人口的巴西第二大城市里约热内卢的第一座公共球场。以前，该球场的海岸地带位置已经退化，没有植被或者被非本土物种过度侵袭。如今约 33 公顷潮湿阔叶树在高尔夫球场边界内得到保护管理，植被覆盖率增加了 167%，生物多样性的净增长从 118 增至 263 种。

第三，要大力发展青少年高尔夫球运动。只有青少年参与程度的不断提高和青少年竞技水平的不断攀升，才能更好推动高尔夫球未来在我国的发展、普及和提高。要在社会上努力形成支持青少年、发展青少年高尔夫球运动的共识，不断优化青少年高尔夫球运动的发展环境，为进一步加快职业高尔夫球发展奠定基础。

第四，推广社区迷你高尔夫等设施，让高尔夫走进大众生活，倡议全国高尔夫球场等设施向青少年和老年人优惠开放。为让更多的青少年和老年人可以走近高尔夫球，享受高尔夫球运动的益处，进一步扩大高尔夫球人口，夯实高尔夫球运动发展基础，中国高尔夫球协会向全国各级各类高尔夫球场、练习场、室内高尔夫场地、学校等各级各类高尔夫球场地、设施及相关单位发出了倡议书，请各单位根据自身情况，面向 16 岁及以下的青少年、60 岁及以上的老年人免费、低费或优惠开放。目前已公布两批典型案例名单，覆盖 17 座城市，取得了良好的社会反响。

第五，加强媒体的正面宣传报道。通过支持优秀国产体育影视作品的生产，引导体育影视创作、弘扬精神、传播高尔夫文化，高尔夫球主题电视剧《高尔夫少女》于2019年初在海南开始了紧锣密鼓的拍摄，目的是通过大众喜闻乐见的方式宣传推广高尔夫运动，产生了事半功倍的效果。

二、职业网球

（一）职业网球概述

1926年，美国人查尔斯·C. 派尔在纽约麦迪逊花园广场组织了世界上第一场职业网球巡回赛。1927年3月，美国第一个固定的职业巡回赛举行，不久后，第一届美国职业冠军赛举办，网球的职业化进程拉开了序幕。经过90多年的发展和积淀，在当今国际体坛，网球已经成为职业化程度最高的项目之一，职业男子网球和职业女子网球都已经形成了完整的职业赛事体系。

3-8

（二）我国职业网球赛事

3-9

我国网球职业化起步较晚，并将网球职业化形象地称为“单飞”（“单飞”是国际网坛通行的职业化模式）。中国网球协会实行的“单飞”就是让有实力的队员脱离举国体制，组建自己的团队，教练自主、奖金自主、参赛自主，收入大部分归自己的团队所有，只需将商业开发收益的12%和比赛奖金的8%上缴国家。在此“单飞”体系下，我国涌现出了李娜、郑洁、晏紫、彭帅、王蔷、张帅等运动员，越来越多的职业网球赛事落户到中国。国家体育总局网球中心竞赛部主任万建斌介绍，2018年我国举办的职业网球赛事达80场，其中包含4个ATP和7个WTA赛事。在众多我国举办的职业网球赛事中，中国网球公开赛（简称中网）是影响力、持续力最好的一个。

三、电子竞技

（一）电子竞技发展概述

从最开始民间电竞的雏形，到朝着正规化体育运动项目的发展，我国电子竞技用了20年的时间实现了从最初的蛮荒到如今的一步步成熟。

我国职业电竞代表队在雅加达亚运会取得2金1银的骄人成绩，成为亚运会上的焦点。佳绩背后，我国电竞产业发展成为业内外关注的话题。在电子竞技成为正式体育比赛项目的同时，电竞产业也迎来了前所未有的发展机遇。

（二）职业电子竞技产业

当前职业电子竞技已经形成了自身的产业链，主要分为内容授权、监管部门、赛事参与、赛事执行、内容制作、内容传播、用户、赞助商等电竞生态。

1. 电子竞技职业选手和受众

随着电竞行业的逐渐成熟，电竞职业也迎来了彻底改头换面。如今的电竞俱乐部都配备了专业教练，为选手们提供心理分析师，甚至配置了团队专门打理新媒体账号。选手们的收入也“水涨船高”，在王者荣耀项目中，头部选手年收入超过百万元。在英雄联盟项目中，官方甚至规定了职业选手和教练最低月薪为 1 万元。专业化的管理、逐渐成熟的市场，让职业电竞和“玩游戏”分道扬镳。

2019 年 6 月 28 日，人社部发布《新职业——电子竞技员就业景气现状分析报告》。报告显示，我国正在运营的电子竞技战队多达 5000 余家，电子竞技职业选手约 10 万人，预测未来五年电竞人才需求量近 200 万人。2018 年我国电竞产业从业者 44.3 万人，平均薪酬 1.1 万元，86% 的电竞从业者的薪资是当地平均水平的 1 ～ 3 倍。电子竞技员学历相对要求不高，其中，占比最大的是高中或中专学历，占被调查者总量的 46%；其次是大专学历占 38%；最后是本科及以上学历占 16%。

职业电竞联赛的发展，也培养了庞大的观众群体。从能容纳 1 万观众的深圳“春茧”体育馆，到容纳 1.3 万观众的上海东方体育中心，再到 1.8 万个座位的上海梅赛德斯 - 奔驰文化中心，历次 KPL 总决赛的线下观赛规模不断扩大，《英雄联盟》世界赛 S7 决赛甚至被搬进北京奥运会开幕式举办地鸟巢，观众的热情甚至在开票的瞬间就冲垮了售票网站。中国经济网数据显示，2017 年 LPL 赛区全年赛事直播观赛人次、KPL 内容观看和浏览量双双突破 100 亿人次。

2. 电子竞技职业赛事

国外知名赛事 CPL、WCG 和 ESWC，并称为当今世界三大电子竞技赛事，ESWC 电竞世界杯、CPL 电竞职业联赛、WCG 世界电脑游戏挑战赛等是影响范围辐射全球的重大赛事。另外，地区性的重大赛事还包括欧洲国家杯、全美联赛、韩国世界电子竞技大赛。国内赛事包括 NEST 全国电子竞技大赛，自 2013 年成功举办以来，填补了国内大型综合电子竞技赛事的空白，其最重要的标签便是“国家自主赛事”，LPL、KPL、CUWL 中国高校魔兽联赛等。

3. 电子竞技俱乐部

职业电子竞技往往以电子竞技俱乐部为载体发展，电子竞技俱乐部也是职业电子竞技赛事的主体，随着电子竞技行业的发展，电竞俱乐部的商业价值逐渐凸显，不同背景的资本新鲜血液注入俱乐部之中。目前京东、万达、哔哩哔哩、华硕、李宁等知名企业和资本都纷纷布局电子竞技俱乐部，同时随着大量新兴俱乐部的加入使行业竞争愈加激烈，也促使电竞俱乐部行业高速迈向职业化、专业化。

（三）职业电子竞技产业发展趋势预测

1. 手游端游戏高速发展，双端联动携手发展

随着移动互联网的发展，移动终端尤其是以手机端为代表的游戏逐渐增多，玩家群体数量猛增，传统电脑端游戏和赛事也向手游端布局，双端联动发展，共同打造优质内容，成为重要趋势之一。

2. 娱乐化倾向越来越明显，大众参与热情不断增加

从头部内容到比赛形式再到线下互动，电子竞技除了竞技性之外，娱乐性也成为主流，越来越多的00后、10后群体参与其中，电子竞技成为青少年参与最广泛的运动之一。

3. “电子竞技+”涵盖内容日趋广泛

电子竞技不仅形成了自身的产业链，目前也在不断进行延伸，未来还将在“电子竞技+地产”“电子竞技+教育”“电子竞技+电商”“电子竞技+旅游”等领域大有作为。

第四节　中国职业体育发展趋势分析

随着国家对于职业体育的重视，未来我国的职业体育将在政府的指导下进一步深化改革。不仅要做到市场化与职业化兼备，还需要做到与国际接轨，在学习先进经验的基础上，强化职业体育培养体系、广泛推广运动项目职业化。此外职业体育也需要借助新兴科技，拓展新的受众群体。

一、改革将继续深入，强化市场化导向

随着2018年底《国务院办公厅关于加快发展体育竞赛表演产业的指导意见》的出台，各地也将依据此指导意见制订各自的实施意见或计划。在政策的促动下，职业体育也将迎来“政策红利”和“投资红利”，已经进行职业化的项目将进一步深化改革，其他适合职业化、市场化的项目也将开启职业化进程。随着各运动项

目协会实体化建设的推进，在未来将形成以协会为引领，以市场化规则和规律为指导，以企业运营为主体，社会力量充分参与的新局面。我国职业体育还要和国际职业体育充分接轨，不仅要吸引国际优质资源诸如球星、教练、经纪人等助力发展，还要输出我国优秀的运动员、教练员等到国际舞台上展现自身实力。

二、体系建设最关键，加大自身“造血”

在职业化的进程中，各职业化项目将逐渐建立起具有独立法人资格的职业联赛理事会，合理构建职业联赛分级制度，形成具有中国特色的运动项目职业体系。当前我国部分职业项目在青训体系、俱乐部准入体系、联赛注册体系、联赛运营体系、联赛监管体系、版权转播体系、球员权益保障体系、法律危机体系等方面还不是很完善，存在着或多或少的漏洞，需要尽快形成良性循环，使联赛和俱乐部能尽快实现盈利。

三、普及度关乎前途，广泛推广项目

根据国外职业体育发展的经验，只有普及度高的项目才更容易在职业化方面取得成功，美国的四大职业联盟（橄榄球、棒球、篮球、冰球）之所以每年创造巨大的产值，与这四大项目在美国的普及程度和参与程度有着直接的关系。民众的广泛参与，不仅为运动员选才提供了人才基础，也为职业体育消费提供了消费人群保障。目前一些非常适合职业化的项目诸如网球、棒球、橄榄球、冰球等，在我国的普及率还很低，也造成了这些项目职业化的困境。在未来，一定要大力发展校园体育，在青少年中普及运动项目，培养体育消费习惯，为职业体育发展夯实基础。

四、互联网成新阵地，借助科技手段

随着互联网、物联网、大数据、5G技术等高科技的不断涌现和成熟，也为职业体育带来了新的生机。比如大数据能有效提升联赛的水平，可以第一时间就将运动员的跑动距离、有效比赛时间、移动轨迹、控球时间、传球次数等以直观的数据进行呈现，从而帮助球队查漏补缺，提升竞技水平。互联网还可以从赛事版权、新媒体平台和用户营销层面等角度切入，加速赛事产业链的重构。

五、版权收入将加大，拓宽付费观赛模式

根据国外职业体育发展经验，在职业体育收入结构中，付费观赛收入是非常

重要的部分，既包含现场出售门票观赛的收入，也包含通过付费有线电视或互联网观赛的收入。目前国内职业体育中通过有线电视或互联网观赛的付费收入还很有限，腾讯体育、PP 体育等网络版权播出平台已经开始尝试付费观赛或加会员后观赛的模式。未来五到十年，国内观看职业体育赛事很可能将完成从免费到付费的升级。

六、回顾理性化发展，探索后疫情发展之路

职业体育的可持续发展要以竞赛观赏水平为核心，要想提升联赛的商业价值就要不断提升联赛的整体竞赛质量，要通过完善的青训体系提升本土球员的竞技水平，适当引进高水平的国际球星助力联赛发展，要不断丰富赞助商利益回馈体系的内容，逐步回归和重构我国职业体育理性的发展体系。同时未来的三年在疫情防控常态化的形势下，各运动项目职业联赛要不断优化调整政策体系，首先确保联赛和俱乐部稳定发展，其次要继续加强对各级青训体系的完善，为未来职业体育的发展打下坚实的基础。

·分报告4·
中国重要体育赛事发展报告

【导读】体育赛事已经成为一种重要的商业资源，其影响力和波及面触及世界的每一个角落。众多大型的体育赛事如奥运会、足球世界杯、美国职业篮球联赛、四大网球公开赛等已形成了具有强大号召力的国际品牌，带来了巨大的商业收入。

当前，随着我国体育产业的蓬勃发展，体育赛事逐渐成为一种商品服务出现在市场，观众对体育赛事的服务需求逐渐上升，中国网球公开赛、中超联赛、中国职业篮球联赛、北京马拉松等一系列国内体育赛事逐渐形成了具有一定影响力的体育品牌。

随着我国体育产业化、职业化与市场化等发展程度加快，伴随体育科技的快速发展和运用，体育赛事的品牌价值也将迅速提升。在此背景下，对我国体育赛事的研究正是顺应了我国体育产业高质量的发展趋势。

第一节　中国体育赛事发展现状

随着我国进入经济社会发展新时期，体育赛事朝高质量方向发展，规模、赛事水平、运营、价值链等关键要素都朝纵深发展，体育赛事必将逐步转向精细化运营，并有着非常可观的成长空间。但目前国内体育赛事仍存在规模偏小、区域发展不平衡、赛事运营专业度较低等问题。

2020年的新冠肺炎疫情使体育赛事行业面临着巨大的挑战，但随着疫情得到有效控制，国家政策的不断支持，未来我国体育赛事仍有巨大的发展潜力。体育赛事是一种提供竞赛产品和相关服务产品的特殊事件，是竞技体育的主要活动形式。体育赛事一般分为三种：综合性体育赛事、群众性体育赛事以及职业性体育赛事。其中，综合性体育赛事主要有奥运会、亚运会、全运会等；群众性体育赛事主要是四季跑、彩色跑、龙舟比赛、社区体育比赛、民族体育运动等项目；职业性体育赛事则包括世界锦标赛、职业体育联赛、新兴的电竞赛事等项目。本节将从政策、运营、电视转播权、门票、赞助、组织管理、知识产权等七个角度立体描述我国体育赛事发展现状，分析其发展变化过程。

4-1

一、我国体育赛事政策现状

二、我国体育赛事运营现状

我国正处于市场经济发展的新阶段，体育赛事受经济体制制约的情况发生了重大变化。总的来讲，我国体育赛事发展迅速，但同时也存在着市场定位不明确、不清晰，营销内容单一，开发尝试不够，系统性不强，以及运营组织的理念、方法和手段落后等问题。

由于审批权的取消，我国体育赛事出现了多样性的发展。像马拉松这种参与门槛较低的赛事也受到了人们的热情追捧。但随着马拉松赛事数量的增加，参与人数的增多，以及办赛方的专业性欠缺，导致在赛事活动过程中的事故频发，赛事的质量难以得到保证，无论对赛事本身还是对赛事的参与各方，均有负面影响。

三、我国体育赛事电视转播权现状

2014年国家发布《关于加快发展体育产业促进体育消费的若干意见》，其中提到按市场原则确立体育赛事转播收益分配机制，促进多方参与主体共同发展，放宽赛事转播权限制，除奥运会、世界杯足球赛外的其他国内外各类体育赛事，各电视台可直接购买。我国体育赛事在推向市场的过程中取得了可喜的成绩，获得了可观的利润，受到社会的支持与认可。尤其是随着科技的飞速发展、电视的普及与应用、网络的传输、信息的获取等，电视转播权的授予成为体育赛事盈利的主要部分。对于体育赛事转播权方面仍存在一些问题，一是缺乏精品的体育赛事，品牌影响力不够；二是缺乏持续的广告收益，电视台不愿积极参与电视转播；三是购买赛事电视转播权的价格偏高；四是赞助商缺乏对国内赛事赞助的动力；五是第三方中介服务专业化水平较低。

赛事运营的收入大致包含赞助收入、转播权转让收入和门票及衍生品收入，其中转播权转让收入在我国还有较大增长潜力。《2018—2024 年中国体育赛事行业竞争现状及投资前景分析报告》统计指出，国际赛事运营的转播权收入一般在 40% 左右，而我国赛事运营的转播权收入平均还不足 10%。我国赛事运营转播权收入较低的原因主要是长久以来央视独家持有我国体育赛事的转播权，其拥有 90% 国内赛事资源和 80% 国际赛事转播权。而新政策出台后，可以按市场原则确立体育赛事转播收益分配机制，扩大体育赛事运营相关企业的盈利空间。

四、我国体育赛事门票现状

我国体育赛事门票市场潜力巨大，整体来看，门票收入将呈增长趋势。但我国呈“城乡二元”结构，经济消费水平比较低，未来一段时间内现场观看体育赛事的人数将小幅增加，但随着我国城市化进程、人民消费水平持续提升、消费结构改善、乡村振兴推动全民健身的发展，将逐步推动体育消费人群的发展。另外，与世界知名赛事相比，我国体育赛事的品牌价值有待提升，尤其是职业体育赛事的品牌价值。头部赛事以国外主导，国内相关运营公司价值凸显。目前国内具有顶级商业价值和影响力属性的体育赛事仍以国外著名赛事为主导，例如世界杯、英超、西甲、NBA 等，国内还缺乏具有足够影响力和运营能力的优秀赛事，因此具备优质赛事培育和运营能力的公司具有很强的发展空间。

五、我国体育赛事赞助现状

目前我国体育赞助结构不合理，国内体育赞助主要集中在对运动赛事的赞助，项目差异大，为数不多的体育赞助主要集中在少数几个职业化程度比较高的项目。一直以来，赞助商对于其赞助体育赛事所带来的回报持谨慎态度。赞助商不能够用直观的数据来表示其盈利多少，赞助商赞助体育赛事的目的无非是提升品牌认知度和美誉度，在改善企业形象的基础上增加盈利。在理论上和实践上，尚未形成体育赞助与品牌认知度、美誉度的模型。

六、我国体育赛事组织管理现状

中投顾问发布的《2016—2020 年中国体育赛事产业深度调研及投资前景预

测报告》指出，我国的体育赛事经营虽为政府型、社会型、混合型等多种模式，但尚未从产业化的战略高度去拓展经营领域，提升经营绩效。我国体育赛事现如今采取的是“政府主导，市场运作，社会参与”的创新型组织模式。此模式为我国体育赛事的市场化运作提供了契机。进入21世纪，此模式将我国体育赛事推向了世界。此外，体育赛事提升了我国的经济发展水平，巩固了我国的国际地位。因而，我国政府对于体育赛事的举办一直持支持态度，政府也成为体育赛事资金保障的重要来源。

七、我国体育赛事产权现状

体育赛事IP也就是赛事产权及其相关衍生产品，是体育产业的核心产品。随着移动设备的不断更新和传播媒介的升级迭代，人们对“内容”的需求也达到了前所未有的高度。从早年的网络文学，到后来的电视综艺和影视剧，如今又延伸到体育赛事，体育IP成为全民热点话题。体育产业的核心是IP赛事，但打造一个体育赛事IP，不仅要接受高投入、长回报的行业周期特性，还需要极强的资源整合能力和营销传播能力。

4-2

第二节　中国体育赛事产业发展案例

体育赛事的蓬勃发展，离不开宏观经济和体育产业行业发展的支撑。本节将列举高尔夫、马拉松、电竞、汽车运动等四个产业案例，宏观描述我国体育赛事发展现状，以期对我国赛事产业发展进行总结。

一、高尔夫产业现状分析

（一）高尔夫产业发展现状

随着社会的发展和人民生活水平的不断提高，特别是高尔夫在2016年重返奥运会后，全球高尔夫健身休闲运动正不断向前发展。自2016年起，我国政府对于高尔夫运动的态度从制约转向鼓励。2016年8月，国家体育总局和国务院发布的《竞技体育“十三五”规划》中，高尔夫被列入了竞技体育范围。我国将高尔夫列入健身休闲产业体系，意味着高尔夫脱离“贵族运动”的标签，走向平民化，成为大众体育，为经济建设服务。高尔夫健身休闲运动在发达国家已经十分流行，且发展势头良好。我国高尔夫运动市场规模从 2016 年的 86.4 亿元增长至 2018 年的 92.4 亿元，2014—2018 年我国高尔夫运动市场年复合增长率为 −4.0%。未来，随着我国经济的持续增长、居民可支配收入的增加与高尔夫运动的普及，我国高尔夫运动市场规模将保持稳定增长，预计到 2023 年，我国高尔夫运动市场规模有望突破 110 亿元。

4-3

（二）高尔夫产业发展特点

（三）我国高尔夫产业发展展望

在过去约 30 年的发展过程中，高尔夫发展中的问题越来越清晰。在未来我国体育强国的建设过程中，高尔夫将成为我国体育事业发展的重要内容，也将成为更多普通老百姓都能参与的体育项目。

1. 国内高尔夫产业规模预测

中投顾问发布的《2017—2021 年中国高尔夫产业深度调研及投资前景预测报告》显示，2025 年高尔夫行业将达到 6000 亿元市场规模。由于国内及国外供需情况短期难以达到平衡，高尔夫行业市场需求旺盛。“互联网 +”应用为高尔夫带来新的发展空间。在此基础上，传统企业和互联网平台竞争激烈，企业通过提高用户体验、提升效率等方式提高市场竞争率，为高尔夫行业提供新的增长空间。

2. 互联网平台加快产业生态布局

互联网 + 体育在高尔夫运动中得到充分体现。百度高尔夫曾以直达号入场，腾讯成为云高高尔夫战略投资方，阿里体育在 2017 年上海高博会上与如歌高尔夫携手，携程以爱玩高尔夫高调入行。从单纯的预订合作到球场信息化，以系统业务为契机，乐挥网打通了行业 B2B 的合作壁垒。从 2016 年开始，乐挥网尝试开展旅游业务（乐挥旅行），将已有注册用户变现，同时将其产品针对性地提供给场馆方，作为“IT 服务 + 消费升级”理念的一部分。之所以选择高尔夫主题游，根据统计数据显示，80% 高球爱好者有出境打球的需求。

高尔夫行业近年来从传统模式转换到互联网融合模式。随着行业各大平台挖掘并下沉三四线城市，企业从供应环节到生产再到售后环节，全环节整合，并以产业赋能为纽带，为众多优质的公司提供品牌、设计、系统、供应链等全方位支持。

3. 创新产品和服务，注重场景和用户体验

高尔夫行业的竞争促进了产品与服务的持续优化与创新，给行业服务带来新

体验。高尔夫行业的竞争促进了行业技术的更新与迭代。高尔夫行业竞争趋势首先在需求分析与客户痛点的把握上。高尔夫行业的良性竞争很好地促进了行业需求、技术、产品与服务的发展，促进服务水平不断优化，服务与技术能力不断创新，为用户提供了更为优质的产品与服务。

我国消费升级倒逼高尔夫行业提高服务质量。用户需求从获取公司信息并与公司对接畅通，转变为更加注重体验，注重实际的效果。满足用户需求，提供个性化定制服务，成为高尔夫行业新发展方向。高尔夫行业新技术和新场景，使得行业用户获得更好的体验。技术加持使得行业的服务效果和产品受到用户的青睐。新技术比如云计算、大数据、人工智能的出现给行业标准化问题提供了全新的思考空间，通过新技术加入行业生产和服务过程中，能够更好地解决行业痛点和问题，保障行业服务效果，实现行业效率和用户体验的双重提升。

4-4

二、马拉松产业现状分析

（一）政策促进我国马拉松产业发展

（二）我国马拉松运动主要问题

1. 赛事开发和经营混乱，缺乏系统监管

2015 年起，中国田径协会依照简政放权的政策要求，全面取消了对马拉松赛事的审批，降低了赛事开发经营门槛。部分缺乏组织经验的赛事单位承办赛事，导致虚假马拉松赛事诈骗、比赛秩序混乱、补给不足、跑者物件丢失等乱象频发。诸多管理和服务问题，折射出马拉松赛事开发与经营的混乱本质。

2. 马拉松市场运营投入成本低

相比国外赛事，我国马拉松赛事运营与市场专业机构的合作率低，通常自行操盘。部分城市马拉松赛事已经具备一定的品牌影响力，但是行业整体缺乏适当的宣传推广，市场开发投入成本比例较低。

3. 赛事组织管理专业性较低

近年来，我国跑者跑道猝死等相关负面舆情频出，暴露了马拉松产业在生命安全与医疗保障方面的问题。赛事运营公司的统筹管理水平参差不齐，赛事运营管理人才紧缺使得整个赛事问题、错误不断，主观上使得选手参赛感不强。相关体育行政部门对于整个赛事行业的监督体系尚处于探索阶段，正处于对行业管理模式的不断订正、更新与完善的重要事情。

完赛奖牌、赛道补给和厕所不足；医疗急救、线路规划不合理；办赛主体、参赛运动员整体素养不高；监督、惩罚体系不完善等，这些漏洞无疑在很大程度上阻碍了我国马拉松赛事从量变到质变的进程，给我国马拉松积极健康发展带来了负面影响。生命安全是体育产业的一大痛点，随着马拉松产业规模的扩大，完善相关医疗配套，建立伤害事故中有效的意外保障方案非常迫切。

4. 赛事文化和赛事精神需要提升

马拉松运动传承的是坚忍不拔、坚强不屈的运动精神，有塑造健康体魄、传播社会文化、推动经济发展的作用。马拉松赛事作为田径运动项目之一，无论是专业运动员、大众跑者还是赛事组织管理部门，都应在规则允许的范围内从事竞赛或组织管理工作，这也是对马拉松赛事文化和精神的传承。部分马拉松赛事出现了种种有违马拉松运动文化的行为，比如部分赛事舍本逐末，形式主义表现明显，充分说明办赛主体过于注重形式，反而忽略了赛事本质；同样，专业运动员未按照赛事规定的集结区出发而被取消比赛成绩，业余跑友因一票难求伪造号码簿、集体抄近道、替跑等违反竞赛规则而造成的不良后果等，都是赛事规则意识薄弱和整体素质不高的表现。

（三）硬件保障问题突出赛事供给不平衡

由于马拉松举办城市的整体发展水平和承办单位的动员能力不同，我国马拉松赛事硬件保障水平存在差异。多数硬件保障存在显著不足，最突出的问题在于补给供应与流动厕所不足。随着“马拉松＋旅游”的趋势出现，如何在开发程度较低的自然景点选择赛道、配置硬件也成了相关产业发展面临的首要问题。

（四）我国马拉松产业未来发展趋势分析

1. 马拉松多元化和个性化成为新趋势

短距离趣味马拉松项目将吸引更多马拉松爱好者，传统竞技运动带来的是竞技的快感；在全民健身时代，人民更偏重对全民运动等健康理念的追求。为了动员更多群众，以迷你马拉松、亲子马拉松、情侣马拉松为代表的短距离趣味马拉松市场将会逐步扩大，马拉松与城市跑、企业跑相结合，形成新的马拉松形态。

2. 产业链走向专业化、精细化

马拉松已经不是单纯的体育项目，与相关产业的融合和匹配，催生了马拉松经济。相关产业捆绑式发展，不断完善以跑者、赛事及城市为中心的整条产业链。专业化、精细化将成为我国马拉松的发展方向，也将是整个资本市场关注的焦点。尤其是互联网的广泛运用，以及人工智能和转播技术的发展，不断扩展马

拉松产业生态的跨界和多元化，新生态成员的加入逐步打造马拉松的新场景和新体验。

3.“马拉松 + 文旅”助推城市品牌和产业发展

体育 + 文旅，借助于体育进行文化旅游活动，从而形成衍生产业生态。马拉松旅游有利于制造一个“节庆”类活动，解决传统旅游行业淡季、回头难和传播难的问题。同时，马拉松追求健康体魄、提升生活品质的理念，也将带动相关绿色产业发展。

4. 相关健康医疗和衍生医保行业兴起

马拉松产业市场需求的增长，将带动马拉松垂直细分领域的发展，同时也要求相关配套设施及其服务质量实现提升。作为生命安全保障的重要环节，相关医疗行业将会朝着组织化、有序化发展。

三、电子竞技产业现状分析

（一）电竞产业发展现状

4-5

手游行业的高速发展为其移动化发展趋势奠定了良好的产品基础，使得移动电竞业成长条件逐渐成熟。电竞产业的高速发展为移动电竞提供了文化土壤和灵感来源，很大部分移动电竞作品源于传统电竞。在用户增长、产品崛起、赛事驱动和政企助推四大驱动因素的推动下，电竞移动化正成为不可阻挡的大趋势。

1. 用户流量基数大，带动产业生态发展

在电竞移动化的趋势下，端游电竞用户向移动电竞用户大幅渗透，移动电竞的低门槛促使行业流量大增。用户参与意愿高的特点激发视频直播等配套产业加速发展。另外，用户诉求催化移动电竞快速发展，用户对游戏的核心诉求即降低难度、展现欲望和付费习惯这三重诉求，端游电竞、传统手游用户逐渐向移动电竞渗透。核心移动电竞产品的崛起成为产业快速发展的动力。知名 IP 如英雄联盟、阴阳师纷纷推出衍生产品，衍生游戏、动漫、小说和赛事齐发力，构建泛娱乐生态。

2. 电竞产品多样，重竞技元素成为成长制高点

在产品从轻到重，由泛到聚的转变中，核心产品曝光集中，形成了较大的先发优势，为满足用户诉求奠定了产品基础。手游产品丰富、轻重有别、游戏类型多样，其中附带电竞元素的手游产品逐渐受到关注，特别是 STG、FTG、MOBA

以及 CCG 等竞技型游戏稀缺，未来或将成为移动游戏产业成长的制高点。从电竞用户整体的兴趣爱好来看，游戏、观看直播和短视频是除了电竞之外，电竞用户最感兴趣的爱好。而在电竞相关的行为中，玩电竞游戏、观看电竞游戏直播和观看电竞赛事，是电竞用户最常体验的电竞内容，占比均在 83% 左右。同时，由电竞衍生而来的综艺、动漫等内容在电竞用户群体中也已经有了不俗的渗透率。

3. 赛事运营多元化、专业化为行业发展助力

和端游电竞一样，移动电竞赛事也是整个产业发展的关键。而目前赛事体系呈现多元化发展，实现了更多用户群的覆盖，专业化的趋势促进了产业规模的扩展，也进一步促进移动电竞产业的发展、成熟。以腾讯为代表的大厂商纷纷布局电竞赛事产业，成为移动电竞产业发展的助推力。全球首家独立的电竞体育公司腾竞体育成立，将英雄联盟赛事 IP 独立运营，推动电竞向数字体育进一步发展。第一方、第三方赛事共同发展，其中 DOTA2 国际邀请赛落地我国，FPX 战队获英雄联盟 S9 世界冠军；NEST、WESG、WCG、PPL 等多个三方赛事蓬勃发展。

4. 政策引导，促行业规范成熟

近两年，国家和社会主流层面对电竞产业的态度有所改观，国家体育总局主管部门也积极支持电竞产业发展。各级政府主管部门积极寻求与各大厂商合作，并主导形成产业联盟，参与行业规范标准的制定，为移动电竞发展提供了基础性的保障。政策出台支持电竞产业发展，电竞运营师和电子竞技员成新职业，电竞被官方归入职业体育，上海、海南等多地出台电竞产业扶持政策；电竞行业性组织成立，人民网旗下“人民电竞运营中心”成立，促进电竞产业制度建立；国际电子竞技联合会 GEF 成立，腾讯为首席合作伙伴。

我国电竞业的发展起步较晚，起步阶段受到政府政策、政治文化因素等各方因素制约，使得电竞行业在国内发展一波三折。普通民众对电竞行业的不了解甚至误解是电竞产业发展的很大阻碍，政府政策上未对电竞行业做出反应，电竞一直是个“黑户”。直到 2003 年 11 月，国家体育总局将电子竞技运动设立为我国正式开展的第 99 个体育项目，电竞行业才逐渐受到关注；而后政府出台封杀令，又一度让行业热度冷却下来。随后几年，国家体育总局恢复了对电竞业的友好态度。但总体来说，我国电竞业商业模式不完善，仍处于不成熟的阶段。

（二）电竞赛事发展现状

电竞赛事是推广电竞产品的重要手段。端游电竞时代，电竞赛事的火热为游戏开发商带来了丰厚的赛事运营收入，并同时拓展了整个游戏产业链，实现了整个电竞产业的多点运营模式。模仿端游电竞，移动电竞端的赛事运营也成为推动整个产业向前发展的关键因素。近年，移动电竞赛事举办频率不断增加，特别是2016年国家体育总局主办、大唐电信协办的首届移动电子竞技大赛的顺利召开，推动了电竞移动化的发展。

4-6

1. 电竞赛事类型

移动电竞赛事自2014年以来稳步发展，各类赛事你方唱罢我登场，各自覆盖不同的用户，发挥着各自的作用，现在大致将这些赛事分为三类：单项移动游戏赛事、综合性移动游戏赛事、综合性赛事。

4-7

2. 电竞赛事发展

3. 电竞赛事的运作

四、汽车运动产业现状分析

第三节　中国体育赛事品牌建设案例

当产业发展到一定阶段，必然出现具有联动效应的行业领先品牌，而产业也借助于品牌进一步高质量发展。本节试图通过中国男子篮球职业联赛、中国网球公开赛、北京马拉松三个案例强调品牌建设的重要性，以期加强对品牌价值的关注[1]。

一、中国男子篮球职业联赛（CBA）

世界上运营比较成功的职业体育联盟，收入来源通常包括四个方面：电视转播权销售、门票销售、联盟（资源）的标志用品销售、赞助商。对以追求利益最大化为目的的商业组织来说，这种成功模式已经成为职业体育联赛的重要盈利模式。健全的联赛盈利模式是CBA成功的关键要素。目前和将来较长一段时间，CBA的主要收入来源有以下三个部分：赞助商收入、门票收入、特许产品收入，这些收入来源都必须抓住并大力开发。另外，通过成本控制和专家管理，尽可能节流开源，为俱乐部增加收益，获得更多的价值。

4-8

[1] 注：受到2020年新冠疫情影响，赛事数据基于2019年。

二、中国网球公开赛

4-9

首先，中国网球公开赛赛事品牌构建的过程中必须要在赛事定位、品牌塑造、文化充实等方面深化发展才能持续打造出自己的风格和特色。其次，中国网球公开赛赛事品牌的形成应该结合实际情况，以城市基础为支撑、以城市文化为依托，发展有城市自身特色的品牌赛事。再次，可以打造一个以中国网球公开赛为主体的竞赛格局，从小型赛事开始，如挑战赛、巡回赛、大奖赛，增加竞赛形式，提高影响力。同时，可以从国内大型的大学生比赛和业余比赛入手，既能推动我国网球的整体水平，也能为赛事赚取关注度。最后，中国网球公开赛可以借鉴国外品牌赛事形成的经验，在赛事品质上下功夫，各个细节方面都要认真对待、持之以恒，我国的品牌赛事一定会成为世界的焦点。

三、北京马拉松

4-10

整体来说北京马拉松已经成为国内跑者、赞助商、媒体热爱的具有强大影响力的顶级马拉松赛事，但仍存在一些不足之处，为此提出以下建议：第一，不断提升赛事核心产品与服务，满足选手们的高品质赛事需求，对选手进行科学引导与文化渗透；第二，不断创新赛事内涵，满足选手多元化需求，并针对风险做好配套应急预案，维护赛事形象，稳固赛事价值；第三，设置专门品牌部门将品牌价值观念渗透到组织成员、志愿者、参赛者心中，为赛事的战略性发展提供持久动力。

2021

·分报告5·
中国体育场馆发展报告

【导读】如何顺应新时代发展要求，尤其是疫情和科技发展叠加带来的深刻变化之要求，更好地促进体育产业发展，建成体育强国，是当前体育产业重要的研究课题。体育场馆作为体育产业生态体系中的重要构成板块之一，是体育产业高质量发展的重要基础，是研究课题范畴中的重要考量之一。

对于体育场馆业研究是体育产业研究领域的一个老课题，国内研究专著和论文比较多，视角也较多。从国际比较研究的视角来看，受制于国外体育场馆信息和数据不足、时间滞后等客观因素影响，多以描述性介绍为主，无法切实发现体育场馆体系的运作规律等，对我国体育产业及体育场馆建设与发展促进等方面的意义，值得商榷。从国内体育场馆业相关研究来看，一种视角是以体育事业及产业研究为主，将体育场馆融合其中；另一种视角是单独研究体育场馆某一方面。从目前一些研究资料来看，宏观描述较为普遍，而侧重微观领域对我国体育场馆发展规律尤其是市场企业发展方面的研究较少。而本报告试图融合事物生命周期律、政治经济学理论、品牌、营销和组织经营管理理论等于一体，从体育场馆系统运营管理哲学、新科技应用、新业态融合等角度对我国体育场馆业进行研究。首次将体育场馆业从宏观和微观两个维度进行交叉并按照组织运营管理主线逻辑进行分析，将上层建筑和微观主体运营管理进行有机结合，而不做上层建筑式探讨，试图探寻出我国体育场馆业改善方向及发展侧重。

考虑到体育场馆业复杂、系统覆盖面大、价值生态较深及智慧体育等特点，尤其是针对 80% 左右的体育场馆处于封闭或半封闭状态，场馆多而散、弱而闲等历史遗留问题以及受到科技变革及疫情叠加影响催生的智慧体育等新形势，本报告结合现实国情进行分析，采取小切口方式进行探寻性分析研究，力图从小处着眼、探求内在逻辑规律，以期获得当前我国体育场馆业的主要特征、存在问题及优化方向。同时，从科技和产业生态融合发展的视界，就智慧体育场馆及其发展、数字化体育场馆运营和体育场馆共同体治理等方面进行了探索。

第一节　中国体育场馆概况

如何了解我国体育场馆、如何看待体育场馆业，是一个较为复杂的命题。本书从体育定义着手，溯源追根探求体育场馆定义、分类，在此过程中提出“品牌——开放程度”两维体育场馆分类法，力图探索体育场馆认知与建设的市场归一。同时，通过产业政策和市场两个维度对体育场馆业进行界定性分析，并从哲学等角度对体育场馆属性进行分析。在此基础上，试图探索一种体育场馆综合分类标准，以期对我国体育场馆建设和运营管理等工作提供有益借鉴或启迪。

一、体育场馆定义与分类

二、体育场馆行业界定

三、体育场馆的基本属性

5-1

四、体育场馆建设标准

体育场馆品牌建设是体育场馆综合实力的有效反映，是体育场馆市场价值和社会价值的有效聚焦。本书希望通过建设品牌体育场馆的视角提出有关标准的完善问题，抛砖引玉给我国体育场馆业建设和发展提供有益启示或借鉴。

第二节　中国体育场馆行业发展状况分析

在市场化过程中，对体育场馆发展现状分析，尤其是经营状况分析，是体育场馆市场化过程中的重要分析内容，也是当前比较难的部分。难，是因为我国近

210.5 万个体育场馆较为分散，体制内的占大多数，尚未真正走向市场，实现法人治理的场馆比较少。同时，经营数据，比如财务数据、人力资源数据、设备类数据、营销推广类数据等均不完善或非常少，给分析带来了难度，给有效认识和理解体育场馆行业带来一定的困难。本书试图对近年来的一些公开可查询的数据进行逻辑分析，探索一些发现。

本书试图通过 PESTN 环境分析模型探究我国体育场馆业环境变化特征，通过体育场馆业发展沿革、经营状况及运营模式、赛后管理等方面分析，引入微观主体运营管理案例，探究体育场馆宏观调控与微观运营方面存在的不足，进而进一步归纳影响我国体育场馆发展的主要问题。在此基础上，从宏微观角度探索性地为体育场馆市场化运营、体育场馆战略发展提出改善方向。

一、中国体育场馆行业发展现状分析

5-2

体育场馆作为体育产业的基础和关键支撑平台性行业，市场化进程的道路可以说任重道远。

第一，体育场馆投资主体以体制内为主。现阶段，全国约 210.5 万个体育场馆中由政府投资建设和掌控运营管理的占到 60% 左右，以私营企业、私人和外资等投资建设和运营管理的约占 40%，诸如万达集团、苏宁、腾讯、快手、抖音等私营或民营企业及部分外资积极投资体育产业，逐步促进体育产业投资主体多元化。当然，政府作为体育场馆投资建设和运营主体的比例为多少，最适合体育场馆市场化的发展，没有一个明确的标准。市场化标准的参照，国内目前主要参照发达国家职业体育发展市场情况，将国内体育场馆行业市场化发展状态与之相比，进而说明国内体育场馆市场化程度的高度。这种比较有一定道理，但是仍需要考虑国内实际情况。在我国，从国家利益层面来说，体育产业是国家战略的重要构成之一，是国民经济主要组成部分，体育场馆自然成为国民经济重要贡献部分之一。从服务对象来说，我国的体育场馆是为全民服务的，是为了满足人民健康美好生活而服务的。实现体育产业的市场化，应当有待智慧考量和智慧方案来解决，需要一定的时间周期。

第二，行业市场化更多地体现为行业主体经营自主权、要素配置、经营模式以及市场法治化水平等。目前，全国约 210.5 万家体育场馆，从经营自主权来说，尽管所有权是以政府为主，但是随着市场经济体制深入发展，国家对体育产业管理日益放开，很多体育场馆尤其是大中型体育场馆在赛后运营管理方面逐渐向公司管理制模式方向转移，成立管理公司或以投资主体内的某一公司为主体进行运营管理，那么从法人治理的结构和形式上来说，市场化雏形基本形成。但是，从市场要素配置、价值交换和自由流通等角度来说，全国范围内的体育场馆尚未发展起来。很多体育场馆建设的初衷多为某个大赛或职业赛事做服务，随着赛事结束，其职能使命基本完成，后续向市场开放等市场化运营管理一般不理想，主要体现在体育场馆向市场开放的内容要素或项目要素与市场需求匹配方面存在错位。体育场馆走向市场，虽然政府已经逐步放开，但对于微观层面的体育场馆来说，到底应当如何市场化？向市场提供什么样的项目或服务，目标市场是谁？需要什么样的服务方式？价格定位是什么？如何培育市场？如何有效传播推广？如何做品牌？如何提高场馆自身市场竞争力等等，这些市场化微观要素内容需要体育场馆行业从业主体深入研究和创新。从这个意义上来说，体育场馆行业市场化的供给侧结构性改革道路依然很长。

第三，行业市场化的重要特征之一是规则的改变。计划经济体制下的体育场馆建设和发展规则以国家计划指令为主，而市场经济体制背景下的体育场馆建设和发展，微观主体成为前台主力。那么，市场资源配置、价值交换的规则就需要改变，而规则的改变需要用法律来平衡与约束，即体育产业法律法规建设。自 2014 年国发 46 号文件之后，体育产业市场化进入了新阶段，改革和市场深入加速，但是体育产业法律法规建设依然缓慢。虽然《体育法》相关条款对体育经营管理有涉及，但是直接调整体育产业的法律法规很少。与体育产业相关等法律法规分散于《体育法》《民法典》《公司法》《合同法》等法律法规及相关行政管理的制度中，而直接调整或规范市场、监督与管理市场主体的比较少，传导到体育产业相关结构的细分行业的自然就少。体育产业的产业链比较长，且体育产业与国民经济中的其他产业关联性较强，产业法律链条很长，与经济法、民法、商法、行政法等有着紧密联系，法律制度建设还有很长的路要走。加上，立法本身就是一个耗时比较长的工作，这些法律链条建设和传导到体育场馆行业，将更加漫长。

因此，我国体育场馆行业市场化现状，可以概括为市场化已经在路上，但是路途依然艰辛，仍需持续奋斗努力。

从国内研究和实践情况来看，2016 年以来的体育产业政策密集推出，国内大型体育基地、体育小镇、体育赛事等产业细分市场深入发展，很多专家、学者积极探索研究，更为重要的是十九大对我国战略发展的大规划使得国家经济发展改革深入、更加开放，体育产业与国际接轨脚步加快，体育场馆市场化值得期待。

体育场馆行业市场化雏形基本形成；体育场馆行业市场化思想与理念需要进一步开放，并充分考虑我国体育国情；体育场馆行业市场化要素供给改革与创新不足，需要体育场馆行业进一步下沉到需求端，研究符合市场需求的产品和服务项目；体育场馆行业市场化是体育产业系统工程之一，需要更加辩证。国际先进的体育场馆职业化运作和管理、体育场馆市场治理经验与国内国情结合，仍有很多亟待研究和突破的领域；体育场馆行业的市场法治化道路任重道远，如何有效推动体育场馆市场法治化进程，是整个体育产业发展中的一个重要课题。

随着国家级体育示范基地建设，体育赛事举办、传播等活动加强，体育场馆体制之墙逐渐拆除，体育场馆市场规模逐渐扩大，体育场馆市场发展质量将逐渐增强，市场化必将由雏形向成型发展，进入生命周期的更高阶段。随着体育产业 2025 规划和 2030 规划乃至 2050 规划战略的稳步推进，一方面体育场馆市场化步伐会加快；另一方面在市场化内容方面，将逐渐遵循市场规律。尤其社会资本投入加快、经营模式企业化、民营企业与国际合作加强，市场化内涵将更加丰富。市场法治建设也将日益增强。一方面国家整体的法治建设增强，客观上给体育产业法治建设增加动力，这必将传导到体育场馆行业；另一方面体育场馆微观主体日益增多，客观上也要求体育法律法规更加健全，以便更好地促进和保障体育场馆微观主体有效运营，确保供给侧和需求端的利益。

二、体育场馆业经营情况分析

体育场馆行业经营是体育产业经营总体的主要组成部分之一，场馆经营的意义和价值分三个方向。

第一个方向是宏观层面的价值所在，即促进产业结构日趋合理并配合产业战略，促进我国经济结构改革战略目标实现，促进就业，提升我国体育产业国际市场竞争力和国际品牌形象，逐步改变体育产业体制性固有特性，促进体育强国、健康中国的总体战略。

第二个方向是体育产业构成中的微观实体日益强大，逐渐改变投资结构、减小国家财政补贴的压力，创造更多更高的经济价值，促进体育从业人员充分就业和改善收入水平，打造更多的体育场馆优秀品牌，探索出既符合我国实际又能更好接轨世界的体育场馆品牌，提升体育场馆的国际竞争力和品牌形象。

第三个方向是体育产业链很长、很深，体育生态群战略日益形成，同旅游、教育培训、产品制造、文化传媒、健康医疗、人工智能、数字媒体等其他产业或行业都有千丝万缕的联系，体育消费将带动其他相关行业的消费，促进其他行业优化发展结构。在我国经济由高速增长向高质量发展方向转变的战略背景中，充当着鲶鱼效应之功能。因此，可以将体育场馆业经营分为宏观战略经营、微观主体经营、行业关联经营三个维度。

5-3

三、体育场馆经营模式

5-4

随着健康中国大战略的落实、体育强国战略的实施、全民健身计划（2021—2025）实施以及数字化科技深入发展，体育产业在我国国民经济中的战略定位日益深入，体育场馆经营模式必将呈现如下发展趋势。

——产权治理模式更加成熟，体育场馆的公共服务产品呈现更加注重质量。

——经营业态更加完善、成熟，顺应经济市场发展规律，满足目标市场需求。

——体育场馆供给与市场需求之间日趋平衡，更加走向市场化。

——体育场馆经营模式内涵和形式更加完善，职业化、专业化、数字化、智能化更加突出，跨界融合和产业互动系统整合更加紧密。

——体育场馆经营模式迭代创新思想和经营战略提升，品牌生态建设更加积极。

四、赛后体育场馆管理模式

（一）赛后体育场馆管理模式概述

（二）案例分析

5-5

五、体育场馆业发展问题分析

（一）问题界定

回顾体育场馆发展历程，面对体育场馆走向未来的形势，尤其 21 世纪第三个 10 年乃至 15 年发展趋势，对体育场馆发展过程中出现的问题做如下界定。

◆ 削弱体育场馆品牌生态建设和提升的。

◆ 影响体育场馆有效开放，造成体育场馆持续闲置或利用率低下，甚至赛后无法有效开发和利用的。

◆ 削弱体育场馆国际竞争力的。

符合上述三条特征中任何一条的，均界定为体育场馆发展中遇到或存在的问题。

5-6

（二）主要问题表现与分析

（三）问题解决建议

在当前我国体育产业上升到国家战略层面的形势下，针对我国目前体育场馆业出现的问题，本报告提出三点解决建议。

1. 进一步加强体育产业及体育场馆业市场化，促进品牌生态建设，树立品牌强馆战略，强化品牌生态战略建设

根据国家体育产业发展规划，针对体育场馆建设现状，构建体育场馆品牌建设国家标准，并落实相关标准。对我国目前 210.5 万家体育场馆进行普查摸底，尤其一线、二线城市的大型体育场馆。在摸底基础上，明确体育场馆品牌战略和品牌发展目标，努力打造国家级、省会级等体育场馆品牌，将体育场馆品牌战略融入体育产业链发展中，促进社会效益和经济效益双重提升。

在品牌生态战略引领和指导下，促进体育场馆建设优化和改善，对于一些闲置的、社会经济价值较少的体育场馆进行社会化、市场化、法治化、国际化融合治理，与社区等体育设施资源整合，对公众免费开放。对于目前已经较为规范的体育场馆，优选典型，深入研究成功的经营发展模式并全国推广。

体育场馆品牌建设，按照品牌科学化建设标准，加强品牌 BIS 系统建设，加强体育场馆品牌整合营销、加强体育场馆品牌系统运营和公司化运作，以社会效益和经济效益都要硬的双维标准，推动体育场馆高质量发展，最终形成一批具有国际竞争力和国际影响力的名牌体育场馆。

同时，加强体育生态品牌建设。充分实施“体育 +”和“+ 体育”的生态融合战略，努力将人工智能、数字化技术和新兴业态融合起来，构建体育品牌生态，通过生态链融合发展，促进体育场馆走出一条新路子。

2. 提升体育场馆运营管理水平，实施科技创新赋能，协同命运共同体运营管理模式

目前我国体育场馆的运营管理，除 16.4% 左右的大中型体育场馆运营管理的社会效益和经济效益相对较好外，大部分体育场馆运营管理水平相对偏弱，与当前我国经济发展水平不相适应。一方面表现为体育基础设施与配套不足，另一方面体育场馆运营管理和创新发展偏弱。运营方面，主要是运营项目不足，尤其是赛后场馆运营。发展较好一点的体育场馆已经与旅游、商业、数字化、人工智能、5G、AI 等谋求跨界生态合作，常规的体育场馆除了免费开放供人们日常休闲锻炼外，几乎没有开发其他经营项目。体育场馆要充分放开经营思维，站在全产业、跨界融合、生态融合的高度去思考经营项目，将体育场馆同地产、互联网、旅游、体育教学、体育训练、体能训练、户外拓展、商业会议、文艺演出、儿童青少年体育康体、体教融合、全民健身等方面结合，联合体育高校、青少年运动研究等机构，与新兴业态平台联合开发经营项目，构建横向生态联合运营共同体。必要时可以通过市场化运作，采取合作、合营等模式，引入外部优质体育运营管理机构，在明确和分清产权和经营权治理等情况下吸收外部优质体育项目，并加强自我延展，提升运营项目质量等，促进体育场馆运营提升。

同时，优化体育场馆内部运营管理模式，尤其是体育场馆产权与经营管理权分离，采取公司化运作管理模式，通过细分体育场馆业务，成立不同序列运营管理主体，各自对经营管理和经济效益负责，推向市场，通过市场倒逼体制变革，提升体育场馆运营管理效率。

加强体育场馆和社区治理等基层治理组织协同发展，构建“体育场馆 + 市场资源 + 社区治理资源 + 城市治理资源”等多资源协同的命运共同体管理模式，全方位全周期进行协同性的命运共同体运营管理模式，将是体育场馆业破解经营管理难题的一个重要思考方向。

3. 完善体育产业立法，推动体育场馆业法律法规建设

体育场馆业是体育产业细分领域之一，体育产业法律法规建设直接影响着体育场馆行业的法律法规建设，因此体育场馆业法律法规建设需要从体育产业法律法规建设方面加以推动。立法是非常严肃和复杂的系统工程，需要体育产业人和法律界等国家立法部门共同努力。当前，随着经济的快速发展，国家高度重视体育产业发展。相信在现有的法律法规基础上，政府、体育场馆主管部门必将努力加快我国体育产业法律法规建设步伐，体育场馆业也将随之而得到规范与保障。

第三节 中国体育场馆行业发展趋势分析

按照当前体育产业战略定位及发展规律来说，我国体育场馆行业发展趋势肯定是越来越好。本报告从政策、体育场馆市场主体运营升级等角度进行分析，阐述体育场馆行业发展面临着良好的前景。同时，提出体育场馆行业集约化、数字化趋势，开放性运营改革趋势和品牌生态化运营、协同命运共同体建设发展趋势。

一、中国体育场馆发展前景分析

自2014年以来，我国体育产业发展进入了新阶段，尤其2016年国家密集地出台促进体育产业发展的政策，全民健身上升为国家战略，使全民健身从系统目标上升为国家目标，我国的体育产业建设和发展实现了新的大跨越。实施全民健身战略，推进健康中国建设，成为体育产业的重要发展任务之一，体育场馆随着产业的发展进入了新的发展阶段。

十八大以来，体育系统不断深化体育事业改革，着力破解制约体育事业发展的突出矛盾，制订了一系列改革措施，这些在2014—2019年的体育宏观环境变化中得以明显体现。比如推动职能转变、简政放权，实施行政审批制度改革，出台《国家体育总局关于推进体育赛事审批制度改革的若干意见》，取消群众性和商业性体育竞赛活动的审批，等等。比如以我国足球改革为突破口，推进我国体育社会组织改革试点，出台了《中国足球协会调整改革方案》《以运动项目管理中心和单项体育协会改革为突破口的深化体育管理体育改革的方案》等一系列文件，从定位、政策等方面切实推进改革，加快改革步伐。再如北京2022年举办冬奥会，为我国冰雪运动和产业的发展注入新动力。而体育场馆是所有体育运动的重要载体平台，体育场馆承载着体育产业大发展的重要功能和职能。

体育场馆建设和发展，离不开工程建设、设备建设和制造等，将带动相关产业互动发展。无论是综合性体育场馆，还是专业性体育场馆如足球场、滑雪场、冰球场、高尔夫球场等，都将随之改善和提升。

同时，十八大以来，创新、协调、绿色、开放、共享的发展理念成为引领，以“中国制造2025”为代表的互联网、人工智能、区块链、5G/AI、数字化等科技发展，也为体育场馆建设和发展注入新的科技力量。

十九大以来，国家对体育产业发展高瞻远瞩，实施体育强国战略，加强体育健康中国建设等，为体育产业发展提供了广阔的发展空间和良好机遇。综合国家对体育产业定位及对体育场馆传导影响，我国体育场馆业发展趋势基本特点如下。

（1）产业发展速度加快并逐步规范，在未来很长一段时期内，体育产业发展将持续保持两位数增速。

（2）大型体育场馆必将更加开放和多元。一方面市场化运作的速度加快，更多的大型体育场馆开始公司化运作，产权和经营权有效分离，运营管理逐步市场化；另一方面，场馆运营项目将更加多元，投资主体将更加多元化，社会资本、企业资本、私人资本、外资等都有机会进入场馆业。

（3）随着体育产业基地和体育产业园建设加速，体育场馆进入整合、融合阶段，诸多小型体育场馆、闲置体育场馆进入清理、整合，优化体育场馆结构，将体育场馆与社区体育文化建设紧密结合，充分发挥体育场馆价值功能。

（4）体育场馆运营管理水平将持续提升，尤其是体育场馆运营管理定位，运营管理经济效应维度加强，突出体育场馆经济效应和价值创造，逐步改变体育场馆经营利润为负数的现状，逐步提升体育场馆盈利能力。

（5）体育场馆商业模式将发生较大改变，投资主体多元化的同时，科技充分赋能，线上虚拟和线下实体充分融合，“体育+”和“+体育”双+模式将逐步发展起来，向体育生态化，尤其是品牌生态化模式方向发展，为体育场馆业发展提供了新的商业模式。

（6）体育场馆品牌化建设将逐步加强，以国家体育场馆、五棵松文化体育中心、北京工人体育馆、南京奥体中心体育馆、武汉体育中心体育场馆、广州奥体中心体育场馆等为代表的国内领先的体育场馆，将向优质名牌方向建设和发展，从而带动我国体育场馆业整体品牌建设。同时，体育场馆在科技赋能和治理协同共同体思想和思维引领下，走向更加高水平的运营。

体育场馆业发展迎来新的战略机遇期，品牌生态建设成为重要的战略引领，是冲出中国走向世界的关键。体育场馆业发展逐步走向整合和融合，成为新时代体育建设的重要课题。

二、中国体育场馆运营升级趋势

根据现阶段我国大中型体育场馆运营现状及体育产业定位、环境趋势来看，未来我国体育场馆运营升级呈现如下趋势特征。

（一）体育场馆基础设施建设和配套将持续改善

一方面，人们对全民健身需求增加、对体育场馆设施品质要求提高；另一方面，科技水平的提升促进了场馆基础配套设施完善，加上体育场馆建设投资逐步开放，体育场馆运营基础设施投资逐渐走向多元。在未来一段时期内，我国体育场馆建设和配套水准必将获得升级。

（二）体育场馆运营模式升级改善

体育场馆运营模式升级，尤其是体育场馆供给侧将得到更多改善。一方面，随着体育产业跨界融合发展，体育产业开放宽度加大，体育场馆运营项目将不再单一或毫无新意，运营要素将逐渐完善并创新。另一方面，运营市场化水平将逐渐提高，通过合作、合资、委托、外部等方式，将在原有的体育场馆运营系统中增加鲶鱼效应，引入新的运营管理力量，优化新的数字化、智能管理理念和硬件设备，大量的数字化技术、区块链技术、人工智能技术等先进科技应用，促进运营管理模式改进，从而改善运营业绩。同时，体育场馆加强与其他业态的融合，与社区治理、全民健身战略融合，参与协同共建、共享、共赢以推动体育健康命运共同体健身，将进一步提升社会效益、经济效益，促进体育场馆升级转型和健康绿色发展。

（三）体育场馆运营品牌创新升级

体育产业上升为国家战略后，体育场馆业作为体育产业的基础和重要构成，必将在品牌化发展过程中得以改善。体育场馆品牌化、生态化时代已经到来。

通过品牌标准化建设，逐步完善品牌基础设施建设、体育场馆的软实力建设，尤其是业务模式、业务管理、品牌推广和服务质量建设，为广大人民群众提供更多便捷的体育服务解决方案，创造更多体育产值和体育产业红利。

通过体育场馆品牌生态化建设，尤其是品牌治理，逐步提升和优化体育场馆之间的品牌建设，逐步吸收国际优秀的体育场馆建设模式、运用治理模式，引入更多 IP 资源，逐步提升体育场馆的盈利能力。

通过体育场馆品牌化、生态化建设，优化品牌建设模式，逐步打造出立足中国走向世界的体育综合品牌，引领体育产业发展走向新的高度。

三、研究主要结论

（一）我国体育场馆发展过程存在问题的深层特征

（1）体育场馆建设与发展现状同我国经济、文化发展不平衡特征关联显著。

（2）体育场馆建设与发展标准、规则及远景同场馆发展历史路径关联密切，如何深度发展需要更多顶层设计。

（3）体育场馆品牌运营管理起步晚、松散而孱弱，尚未完全转到市场化运营的轨道。体育场馆的产业功能市场有待进一步明确定位。

（二）中国体育场馆发展进入新阶段

（1）体育场馆发展新环境、新起点、新机遇。

（2）体育场馆职能内涵和外延发生新的变化。

（3）体育场馆发展开放力度逐渐加大，封闭式体育场馆将逐渐消亡。

（4）体育场馆发展将在产业政策引领下突破体育产业边界，走向多产业交叉融合发展。

（5）体育场馆将在全民健身、体育业态融合的新业态模式下获得新机遇。

（6）体育场馆集团化、规模化、多元化、科技智能化、数字化运营将逐渐普及。

（7）体育场馆运营模式、治理模式、协同发展、绿色发展将持续进入新阶段。

（8）体育场馆惠民生、惠健康，惠全民，为体育强国贡献新的力量。

（9）体育场馆建设与发展迎来了新的春天。

（三）中国体育场馆将在革新中前行

（1）体育场馆建设与发展需重新定位。

（2）体育场馆建设与发展需要构建新的标准。

（3）体育供给侧需要进行结构性革新，体育产业也必将由此获得新的发展，进而推动体育场馆供给端改革前行。

（4）体育场馆运营模式革新前行，市场化、法治化、国际化、数字化、智能化、惠民生、大健康等成为体育场馆经营的关键出发点。

（5）数字体育、智能体育和传统体育融合发展，将给体育场馆业带来新的发展、新的模式，尤其是线上虚拟和线下实体＋其他业态的融合发展模式。

（6）体教融合、全民健身、体育智能等将会进一步激活、盘活体育场馆，盘活体育场馆资源，让资源禀赋充分利用起来。

（7）体育场馆治理模式将升级，与市场化治理、社会化治理、城市治理等紧密结合起来，建设更多的绿色体育场馆。

（四）体育场馆建设与发展需要系统辩证地策划

体育场馆建设与发展是体育产业的一个政治经济哲学课题，不是孤立的，而是融合于体育产业整个生态链之中的，是经济发展中重要要素价值创造的资源之一，必须辩证发展地分析、筹划，使其有计划地发展。

世界经济政治发展格局变化、科技发展趋势变化、社会人文的变化、经济发展水平和社会稳定、自然生态发展变化，尤其我国进入新发展阶段、贯彻新发展理念、构建新发展格局的关键时期，在体育制造设备、体育智能、全民健身、体育强国、绿色体育、科技体育、体育精神文明建设、体育场馆品牌生态建设、体育国际化融合等方面，逐步拓展我国体育产业发展的国际空间，让中华体育精神走向世界，让中华体育产业及体育场馆屹立于世界体育强国之林。

·分报告6·
中国体育健身产业发展报告

【导读】进入21世纪后，我国体育健身业快速发展，大众对健身的热情有目共睹地快速增长，健身消费规模也随之迅速扩大。近些年来，体育健身业越来越受到多方关注。在消费升级的基础上，大众为健身买单的意愿逐渐增强，创业者和投资者也更愿意为体育健身业的发展添砖加瓦。与此同时，健身业态也更加丰富。除了大型连锁健身房，一些健身工作室、提供单一操练项目的健身房也备受追捧。经过十几年发展，我国的健身市场迎来了前所未有的繁荣时期。

我国体育健身业虽然起步较晚，各个细分领域发展程度不同，但也拥有一些代表性的品牌。如健身机构方面的威尔士健身、一兆韦德健身以及近两年非常火爆的超级猩猩健身。此外，健身器材、健身人才培训等领域也在逐渐完善中。

在健身房刚刚被引进我国的几十年里，健身行业经历了爆发性的增长。但快速的大规模扩张，让内容同质化和成本上涨成为严重问题，一些健身机构甚至因此倒闭。直到2014年新的健身模式开始出现，健身行业迎来了新生。但尽管在良好的大环境下，我国体育健身业已经进入发展的快车道，与以美国为代表的北美健身市场相比，我国体育健身业仍有较大差距。

第一节　体育健身业发展现状

近些年来，我国经济平稳运行、恩格尔系数首次降至 30% 以下，也为体育健身业的发展打好了坚实基础。正因如此，对体育健身业发展情况的调研显得尤为重要。本节内容将对我国体育健身业的特征构成、经济地位、发展现状、市场规模、人员分析、需求特征、问题与发展趋势等进行分析。

6-1

一、体育健身业特征构成

汇集了器械、培训、健身机构、用户端等细分领域，我国体育健身业的上、中、下游分工逐渐明晰，行业发展核心链路逐步成型。行业分工的完善，不仅能够促使体育健身业往多个维度发展，也能让行业更接近下沉市场，触达底层用户。而关于体育健身业的特征，总的来说，有以下几个方面。

（一）起步晚

我国体育健身业，从 1995 年《体育法》出台至今，已有 20 多年，相对体育健身业发达的国家来说，还有很大差距。正因如此，健身行业发展中出现一些问题不可避免，体育健身业在当时仍是新生事物，在不断试错中成长也是理所应当。不过也正是由于起步时间晚，我国体育健身业也有可以借鉴其他体育健身业发达国家经验的优势。将符合我国国情和行业行情的内容加以适配，体育健身业就可以达到快速发展的效果。

（二）进步快

虽然体育健身业在我国起步时间较晚，但这并不代表着其发展速度缓慢。相反地，政府的支持让体育健身业进入了发展快车道。我国作为一个人口大国，就业等民生问题，始终是亟待解决的大难题。而体育健身业作为一个新兴行业，不仅能在多岗位上有效缓解人口与就业的矛盾，还能够从根本上增强国民体质、提升健康水平。正因如此，政府必然也会鼓励和支持体育健身业发展。在政府部门的鼓励和支持下，体育健身业在争取资金、场地等资源方面都颇具优势，进步也更加迅速。

与此同时，居民消费水平的提升，是体育健身业快速进步的另一大原因。随着我国经济发展、人均 GDP 逐年提升，已经有相当一部分城市居民的消费升级为发展资料和享受资料的消费，对体育健身的消费正是属于发展和享受资料消费。在这样的环境下，体育健身业的快速发展是大势所趋。

（三）形式广

纵观全国，参与体育健身的人数以亿计，这也代表着每个人的需求都有所不同。因此，体育健身业要想满足消费者的多样化需求，就必须提供多样化的活动形式。除了基础的大众健身项目，例如跑步、健身操、登山等形式，更加商业化、趣味性的形式也应运而生。有人喜欢上团操课，跟朋友一起健身；也有人热衷于私教课、线上教学等方式。这也催生了专门性的私教工作室、团操工作室和线上健身课堂等平台的诞生。

（四）科技支持

移动互联网的发展，为体育健身业提供了新形式，并拓宽了获客渠道，为健身消费者提供了获取知识的窗口。通过智能的移动客户网和线上服务系统，人们可以根据自己的喜好选择健身的地点、时间等，健身消费者的体验感也随之提升。此外，科技的发展还使得健身变得高效，各种新型健身方法和器材都是为了提高效率。除此之外，它们还能吸引更多有好奇心的消费者参与其中。

（五）“大而不强”

虽然我国体育健身业发展快速、形式多样，但“大而不强”仍是体育健身业不可忽视的特征。由于起步晚，所以体育健身业仍然处于发展初期。一方面，在器械、培训这类上游领域中，行业总体趋势为国外输入转为国内自研，也有不少国产器械品牌开始崭露头角。不管在器械还是培训上，国内上游服务正在跟上国际发展的步伐。另一方面，中游健身房总体规模虽然很大，但总体抗风险能力较弱，下游的后端需求才刚刚起步，未来有较大发展空间。

6-2

二、体育健身业经济地位

三、体育健身业市场规模

四、体育健身从业人员分析

6-3

五、体育健身业消费群体需求特征

六、体育健身业问题与发展趋势分析

（一）体育健身业的问题

1. 健身习惯亟待养成

虽说近年来我国健身人口不断增加，但由于进入时间较晚，健身这种休闲运动方式并未完全深入人心，我国消费者的观念与习惯仍需要时间培养。相对来说，北美地区健身文化更为浓厚，运动已经成为人们生活休闲中必不可少的一部分。此外，北美地区学生的课余时间相对更多。我国义务教育阶段学生课业繁重，缺乏科学、系统的锻炼时间，对体育和健身的了解都非常匮乏。

针对这个问题，一方面，我国在体育常识的科普上，仍然需要加强引导和规范。对于青少年，减轻学习压力，将参与运动和健身的时间交还给他们，才能让他们提早养成正确的健身观念。对于成年人，养成正确健身的意识，不仅对自身有好处，还能对行业产生正面影响，让需求促进行业良性发展。

2. 健身成本较高

从居民人均可支配收入得知，我国健身成本仍居高不下。但值得一提的是，随着办卡用户市场已接近挖掘完毕，部分健身机构也开始采用单次付费的形式。这样一来，用户可根据自己的安排，合理控制健身成本占比，同时满足自己的健身诉求。

3. 健身业态单一

虽说在健身需求多样化推动下，我国体育健身业态已开始向多维度发展，但由于缺乏经验和创新性，总体来说我国健身业态仍较为单一。从盈利模式上来看，国内健身机构主流的盈利方式仍是预付费长期卡模式，部分机构会配有私教以及产品售卖收入；从消费群体来说，目前的主流健身群体仍为一线城市的白领阶层，这些人群的健身诉求趋同，因而健身机构能够提供的课程内容较为单一。

此外，由于健身机构大都集中在几个健身需求比较旺盛的城市，例如上海、深圳、北京、郑州等。因此，健身机构往往以区域性连锁的方式呈现。再加上目前投资的行业选择较为谨慎，部分刚刚出现的新型业态往往还等不到融资，就已被并购或倒闭。中小型机构没有资本加持，难以形成气候，只有大型连锁健身业态能够支撑下来。

在这种情况下，国家需要对体育健身业的健康发展进行宏观调控，规范行业行为，确保行业能够多元化发展。除此之外，具备足够的创新能力，才能吸引投资者的目光，健身机构要想在新业态的红海中突出重围，仍需要将眼光放得更加长远。

4. 专业人才缺口大

我国体育健身业发展时间短、速度快、需求旺盛，直接导致了健身行业专业人才缺口大的问题。基层人员往往都只是经过简单培训便上岗，即使是健身教练，也大多是由退伍军人、健身爱好者、自由职业者等人群组成。这些人群的特点是：缺乏专业相关的理论知识及必需的运动急救常识。

尽管目前一些健身机构已经与高校进行合作，开展健身课程，直接招收相关专业毕业生。但由于此前高校并未对健身人才培训预备相关课程，在短期内几乎不可能达到科学的培训效果。解决这个问题，需要多方共同努力。

从短期来看，健身机构要想培养专业人才，可以先依靠现有的专业人才对新入职员工进行培训，学习先进机构的经验。从长期来看，首先，政府仍需要对体育健身业加以扶持，鼓励高校开设健身相关课程，甚至是专业，确保能够为健身行业直接输送应届人才。此外，政府和高校还可以跟机构合作，编写兼具实用性和理论性的教材。最后，行业内部的培训课程应该继续开设并提高质量，对于社会应聘者，进行持续不断的培训和教学也非常必要。

（二）体育健身业发展趋势分析

尽管我国的体育健身业仍存在以上问题，但也有可取之处。这些可取之处经过归纳分析，也正是其未来发展可考虑的方向。大致来讲，我国体育健身业具备以下几种发展趋势。

1. 纵向升级

经过一段时间的发展，我国体育健身业规模持续扩张，健身机构开始布局新一线和二线城市门店，行业纵向升级趋势凸显。总的来说，中小型健身业态的规模逐渐扩大、传统健身房洗牌、市场下沉是大趋势，也是行业正在优化阶段的表现。正因如此，在进行纵向扩张之际，健身行业仍需注意下沉市场门店的服务质量，加强精细化运营管理。同时，准确分析目标人群、有针对性地提供训练方案及器械，也是行业纵向发展的趋势之一。

2. 横向拓展

除了纵向升级，健身行业的横向拓展也很有必要，简单来说就是跨界。例如健身机构与互联网结合衍生出的Saas管理系统以及移动客户端、小程序，不仅精简了管理和服务流程，还令消费者体验大幅提升。此外，体育健身业与教育行业、商业甚至是娱乐行业的跨界合作，也能成为两个行业之间巨大的流量入口。用户有社交需求，机构就可以推出健身社交平台；用户有旅游需求，“健身+旅游”的模式也不失为一种创意打法。健身行业急需从这种思维发散开来，从挖掘已有用户群体的剩余价值，转向关注能够引入新客户的增量市场。

3. 多元化盈利

此前我们曾提到，我国体育健身业产业链现已初步成型，上、中、下游的健身配套服务都已具备一定市场。因此，健身相关机构只靠单一内容或服务盈利并不符合行业发展需求，具备多元化盈利能力的机构，才符合行业发展要求。目前看来，大多数健身人群对健身的要求不仅只局限于强身健体、瘦身减肥，他们更希望通过健身，让自己保持一种健康的生活状态。这种要求通过单纯健身锻炼很难达到，但是如果能够辅以配套的知识科普、配套产品，就能够出现效果。

在北美等地，许多健身房已经拥有“餐吧 + 健身房”的模式，这不仅能够让机构可提供的内容更加丰富，也能让消费者的健身训练更快见效。此外，配备各种休闲服务的健身机构数量也逐渐增加。通过这样的模式，健身机构不仅可以实现多元化盈利，也能够拥有独具特色的健身产业链，降低成本，达到利润最大化。

4. 健身场所成为住宅标配

随着我国“全民健身”口号的提出，加强基层体育健身业态的建设，让居民能够有时间、有场地健身，已经成为国家级政策。2018 年年中，上海市静安区还在小区附近配备了居民“共享健身房”，受到居民一致欢迎。正因如此，许多地产商将健身机构配备到高档住宅区中，这也改变了部分健身机构的选址要求。一些临近人流众多、地段繁华地区的健身房也开始转移到离居民住宅区更近的地方。相信在未来几年里，健身场所会逐渐成为所有新建住宅区的标准配套项目。

5. 私教需求旺盛

科学健身意识觉醒、健身时间零碎、健身需求不同，催生了私人教练职业。随着大众健身意识的增强，私教服务也越来越受到大众欢迎。

总的来说，我国体育健身业正处在高速发展、需求激增的阶段，这正是健身行业实现质和量的飞跃的最好时机。通过分析以上问题，健身行业和各机构应注意规范行为、规避风险，为健身行业良性发展提供有力支撑。

同时，健身机构也需具备创新和竞争意识，找到适合自身的发展模式，以消费者需求为导向。此外，我国体育健身业要想具备可持续发展的能力，关键在于人才的培养。政府和行业需要积极推进，完善健身专业人才培养制度；机构需要加强管理，培养从业人员的服务意识和专业技能。

我国体育健身业的长足发展，仍需要多方长时间的努力。健身行业发展的过程是漫长的、艰难的，但趋势是不断上升的。我们必须在困难中总结经验教训，借鉴其他国家和机构的优秀成果，充分利用纵向和横向发展的优势，利用科学技术的进步，开拓市场。

第二节　体育健身俱乐部发展现状

在观察体育健身业时，处于中游的服务提供机构——健身俱乐部，可以作为整个行业的一个风向标。本节将从健身俱乐部现状、运营模式、连锁经营形式、连锁经营情况、综合竞争力等五个维度对健身俱乐部展开详细研究，揭示体育健身业发展趋势。

6-4

一、体育健身俱乐部现状

二、体育健身俱乐部运营模式分析

三、体育健身俱乐部连锁经营形式

（一）连锁经营的三种形式

连锁经营包括三种形式：直营连锁、特许经营和自由连锁。通用解释来看，直营连锁指总公司直接经营连锁店，即由公司本部直接经营管理各个零售点的经营形态，本质上是一种管理产业。特许加盟即由拥有技术和管理经验的总部，指导传授加盟店各项经营的技术经验，并收取一定比例的权利金及指导费。自愿加盟即自愿加入连锁体系的商店。在自愿加盟体系中，商品所有权属于加盟主所有，而运作技术及商店品牌则归总部持有，各商店为“共同体”。

总的来说，在健身行业，直营连锁和特许经营比较常见，自愿加盟比较少见。为了便于理解，以下我们就将直营连锁称为直营，特许经营称为加盟。

6-5

（二）健身房中的直营模式

直营可以说是最为传统的健身房连锁经营形式，前文所述的传统大型综合健身房很多就是采用这种形式。时至今日，一兆韦德和威尔士依然也是全直营。

一般来说，加盟的形式会面临服务水平难以控制的问题，尽管总部会对加盟店进行各方面的支持和培训，但加盟店最终经营水平还是取决于该店自身的管理水平。同时，开放加盟对于公司本身的要求也很高，需要准备的标准化的体系包括 SAAS 管理系统、集中采购、运营体系、培训体系、课程体系和营销支持等等。

（三）健身房中的加盟形式

（四）两种比较特殊的加盟形式

6-6

6-7

四、体育健身俱乐部连锁经营情况

6-8

如前所述，目前体育健身俱乐部处于整合阶段，所以连锁经营情况也很难一概而论。在这里，我们暂且分为传统大型综合健身房、健身工作室和新兴健身房三种类型进行分析。

五、连锁健身俱乐部综合竞争力分析

6-9

（一）通过波特的五力模型看行业吸引力

健身房这门生意前景如何，常用的测评行业吸引力的方法是波特的五力模型。

（二）案例分析：浩沙和 Gucycle

6-10

浩沙健身和 Gucycle 都是在 2019 年走向结束的健身房品牌，一个是老牌传统大型综合健身房，一个是新兴健身工作室。接下来我们对这两个典型案例进行分析，希望能从中得到启发。

（三）连锁健身俱乐部竞争力分析

总的来说，连锁健身俱乐部首先需要明确定位，找到一个有持续盈利的商业模型，保证成本合理、收入充足。无论是选择直营还是加盟，单店盈利都是非常关键的。在这个基础上，品牌需要做的是打磨出一套可复制的门店模型，建立竞争者难以模仿和复制的产品以及优秀的组织、流程和资源，从而拥有可持续的竞争力。

第三节　体育健身业发展策略建议

随着体育健身业的迅猛发展，其发展模式和产业结构也出现一系列问题。本节在前文现状描述的基础上，进行产业结构 SWOT 分析，分析体育健身业未来发展趋势，并向体育健身业从业者和管理者提出适量发展参考意见。

一、中国体育健身业 SWOT 分析

（一）优势

第一，目前整个健身行业体量还比较小。对比国外，还有巨大的成长空间，潜力很大。在产业链上游，本土的健身器材品牌正在快速发展，虽然目前主要占据中低端市场，但他们的品牌意识正在增强。在 2019 年的 FIBO Global 上，场馆外就可以看到我国器械厂商打出的大幅广告。教练培训方面，赛普健身虽然登陆 A 股暂告失败，但掩盖不了培训机构不错的经营状态。而在课程研发方面，国内目前还比较空白，以国外引入为主，发展空间也很大。在产业链中游，线下健身房集中程度较低；下游的后端服务也有着不少创业机会。

第二，我国居民现阶段生活水平提高，对于健身的消费水平和意愿逐年上升，健身正在成为一种受追捧的生活方式。

第三，许多跨行业的人才在近几年进入了这个行业，他们带来了一些其他行业的优秀经验和管理方法，推动整个行业的进一步发展，例如新兴健身房对于品牌意识和服务品质的强调。此外，健身房的智能设备和信息化系统在近年也有了很大进步。

（二）劣势

第一，强销售导向的不可持续性和负面影响。截至目前，国内的综合类健身房、私教工作室大多依然采取提成制强销售导向策略。这样能够快速回笼现金，捆绑用户。但往往与此同时忽略了用户体验，导致续费率很低。强销售本身对于用户体验来说就是一种损害，用户都对被推销非常反感。强销售和预付费的进一步发展可能压垮健身房，随之而来的闭店跑路更是对整个行业的信誉造成不可挽回的影响。

第二，行业整体的经营水平还不高，从业人员素质有待提高。总体来说，尤其

是在健身房行业，从业人员的整体素质还有待提高。这体现在管理人员身上为商业逻辑能力不够，没有真正把健身房当成一个生意在考量；体现在教练身上则为专业水平参差不齐。这也是由于健身教练目前处于供小于求的状态，入职门槛不高。

第三，竞争激烈，同质化严重。健身房跨区域复制比较困难，在这种情况下，出现了区域龙头的现象，头部健身品牌的门店分布十分集中，出现了不少地域性品牌而缺乏全国性连锁机构。与此同时，各个健身房提供的服务又相对类似，容易陷入同质化竞争而打起价格战的状况。另一方面，新兴模式兴起，传统模式受到冲击，各种模式混战，随之而来的是激烈的竞争，这在一线城市表现得尤为明显。

（三）机会

第一，在经济趋势上，GDP 增速放缓但保持稳定。健身有着足够的受众人群，尤其受到年轻一代的欢迎。

第二，政策支持。

第三，在社会人口因素上，恩格尔系数降到 30% 以下，生活水平提高，人均可支配收入提高，加上日益提高的健康意识，让健身成为热门话题。此外，还应考虑到我国人愈发严重的超重问题和亚健康问题。

6-11

第四，在资本方面，如前所述，由于有着良好的现金流和巨大的发展潜力，资本对于健身行业非常关注，这也将在一定程度上加速行业的发展。

第五，空气污染现象没有得到缓解，让人们对室内健身房锻炼有更多的倾向。

（四）威胁

第一，由于一直以来的强销售模式，民众对于健身行业的信任度比较低。

第二，健身面临各种其他行业的竞争，并且其本身还具有违背天性的特征，难以坚持。首先，健身面临着其他体育运动项目的竞争。其次，由于效果类似，还面临减肥训练营、减肥药品和美容院等的竞争。最后，如果将健身理解为一种休闲娱乐方式，那健身将还面临 KTV、电影院和酒吧等行业的竞争。

第三，事实上，我国在过去的十几年时间之内，健身的内容没有特别明显的进步，我国的健身消费者们也大多仍处在小白的初级状态。目前他们很多有了健身的意识和意愿，但是对于健身的了解还比较初级，存在很多误区，很多人也只是将其视为减肥的一种手段。所以总的来说，行业的普及还需要时间。

二、体育健身休闲业未来发展趋势

（一）用户需求更加细化

随着国内的健身消费者日渐成熟，他们的需求也会产生分化。首先，不同细分类型的用户拥有不同健身需求和消费水平，并将对健身产品和服务提出更高的要求。其次，健身还需要满足不同年龄段的需求，年轻人喜欢的强度更高，中年人偏爱释放压力和体重管理，中老年人更注重社交属性。健身行业需要为此匹配出个性化的训练解决方案。

（二）品牌效应更加明显

相较于以往，目前健身行业内的品牌意识和品牌忠诚度已经有了很大提升，也有了社群运营等一系列的新玩法。这个趋势也会继续延续，毕竟健身如果想成为大健康行业的入口，提升入口本身的黏性无疑是很重要的。相对应地，行业的整合程度也会越来越深，不同模式之间互相碰撞与学习，最终可能会形成多种定位的健身房共存的状况，但是巨头将会崛起。

（三）科技元素更加凸显

此前，智能科技化的元素的体现可能是健身 APP 和 SAAS 系统和物联网。而在最近，家庭健身成为智能化的最新展示场景。智能训练镜和智能家用划船机纷纷面世。除此之外，运动数据的应用和反馈也是非常重要的一环，Apple Watch 的健身功能正在日益完善。

（四）产业链条更长

从健身到健康，可以挖掘更多消费场景，这是全球头部健身房正在研究的方向。而在我国，也有不少俱乐部开始了周边售卖、联名产品和体育旅游的尝试。总的来说，这可能是未来健身领域从实体零售业取得突破的方向之一。

三、体育健身休闲业发展建议

（一）政府加强政策支持，帮助行业良性发展

目前健身房行业确实处于监管不够的状况，如前所述，政府也正在陆续进行相关法律法规的完善。此外，政府也可以适当采取激励措施，以鼓励表现优秀的健身房，从而促进行业进入良性循环发展。

（二）完善行业专门协会和学术组织

之前，健身业在我国一直处于自由发展的状态，缺乏专门的管理机构，在健身房资质和教练资质上没有统一的行业标准。国外则有 Europe Active 和 IHRSA 这样的健身协会机构。为了更好地促进健身行业发展，应进一步完善指导和规范健身行业的专门协会和学术组织，以进行宏观管理。

（三）加强培训，提高从业人员的业务素质和职业素养

如前所述，目前我国健身行业整个市场管理尚不规范，专业教练较为缺乏，管理人员的水平参差不齐。一方面，应加强管理人员培训，提高其商业素养；另一方面，应该规范教练的资质认定，统一设定标准，避免教练水平参差不齐。同时，要重视健身课程的设置与教学管理，形成统一的体系。

（四）加大宣传普及力度，提升全民健身素养

应加强健身知识的科普力度，提升全民健身素养。从某种程度上来说，提高民众健身素养，也能提高其对劣质健身服务的鉴别能力。另外，健身作为一项基础运动，所涉及的很多知识也适用于其他各项体育运动，可以整体提高全民体育运动素养。

2021

·分报告7·

中国体育制造业与服务业发展报告

【导读】目前，我国体育制造业发展速度较快，规模不断扩大，国内外市场均处于良性运行状态。体育服务业的发展态势较好，但发展水平还比较低，相比体育制造业，体育服务业在体育产业中的占比相对较少，仅为两成左右。

随着运动消费的兴起，体育服装用品市场获得了极大发展。户外运动的受欢迎程度不断提高，越来越多的人参与其中，户外用品行业的类型也因此扩展。随着技术、市场的成熟，以及营销推广，可穿戴体育用品的市场规模将更进一步扩大。作为健身器材的制造大国，我国制造的市场规模在全球健身器材市场规模的占比超过50%，地位的重要性可见一斑。

未来，体育制造服务业会继续向好发展，在需求增长和国家政策支持的双重刺激下，行业的发展空间将不断扩大。

第一节　体育制造行业发展状况分析

明确体育制造业的概念与内涵是分析体育用品制造业相关问题的重要前提，在此基础上分析体育制造业的发展现状。目前，我国体育制造业发展速度较快，规模不断扩大，国内外市场均处于良性运行状态。对于体育制造业的结构分析，可以从水平结构和垂直结构切入。我国体育制造业的特征包括：技术支持智能化；需求导向多元化、个性化；生产销售灵活化。具体的运营模式主要有单一代工、代工与品牌自主、研发型三种。

一、体育制造业概念与内涵

体育制造业是指按照既定的设计要求，对各类原材料进行加工、组装，形成特定的物品形态，具备一定的功能，是对用于体育活动的服装、鞋、配件、器械等相关用品的制造行业的总称。

体育制造业是体育产业的重要组成部分，影响着体育产业的发展。体育制造业水平的提升也必然带动体育产业的提升。体育制造业是一项专门性的制造活动，其目的在于，通过生产行为向体育赛事、体育运动参与者提供服装、鞋、配件、器械等，满足运动需求。与此同时，体育制造业与原材料有着密切的联系，原材料是一切生产行为的基础。运动类型不同，原材料和具体制造行为也各不相同。

二、体育制造业发展现状分析

（一）产业规模

7-1

（二）产业特征

曾几何时，我国涌现出大量为世界各大体育品牌产品代工的企业。随着工人、技术、设备的成熟，代工企业的制造水平已经位居世界前列，企业的发展路径也有了变化。代工企业在服务国际体育品牌的同时也同步服务于国产运动品牌，甚至开始经营自主品牌。由此，不仅增加了体育产品的市场竞争力，也有效提升了国产运动品牌的产品竞争力。

7-2

三、体育制造业结构分析

为了对体育制造业的结构进行有效分析，可以从水平结构和垂直结构两个维度切入。

7-3

四、体育制造业新特征

在互联网高度发达的时代，体育制造业正悄悄发生着变化，越来越体现出一些异于传统的特点。尤其是科技发展、需求的多元化与个性化以及互联网 + 融合的广泛化，使得体育制造业具备了新的特征，主要体现在以下几个方面。

（一）技术支持：智能化

将科技融入体育产品已经成为不可逆转的趋势。科技进步能够持续提升体育产品的技术含量，为使用者带来更多的积极影响。例如随着马拉松运动的兴起，跑鞋成为畅销的产品，为了更好地记录运动数据，带有芯片科技的跑鞋逐渐受到消费者的热捧。为此，对于制造企业而言，一方面需要跟上行业节奏，生产出标准的智能化体育产品；另一方面更需要注重研发，创新性生产出其他制造企业还未能成功生产的产品，这样才能够稳定自身的市场地位，保持充分的竞争力。

（二）需求导向：多元化、个性化

在互联网时代，制造企业与消费者之间的信息壁垒早已经被打破，两者的互动关系也不断加强。消费者能够通过各种方式将自己的诉求传递给制造企业，而企业也可以依靠社交平台等各类渠道了解、收集消费者的需求，进而针对性调整产品的生产过剩，大大提升了产品与市场需求的整体匹配度。与此同时，消费者多元化、个性化趋势不断加强，通过沟通平台，消费者可以将这些需求传递给企业，企业则据此进行定制化生产，满足部分消费者的需求，并实现了生产资源的充分利用。例如，目前很多运动鞋生产商开始支持个性化定制球鞋的业务。

（三）生产销售：灵活化

信息化时代，在大数据支持下，一方面，生产行为灵活化。虽然体育产品的生产有固定的程序，但是大数据的支持能够优化生产流程，使得各项工作开展更为立体。与品牌之间关于设计要求的沟通、与厂商之间关于设备调控的沟通、与原料供应商之间关于原材料事项的沟通，等等，能够即时、高效且具有针对性地完成。倘若在某一个环节出现问题，可以通过网络信息技术及时找到替代方案、设备以及原材料，避免了核心生产流程受到不利影响。另一方面，销售渠道灵活化。体育制造企业类型各异，一些企业的产出全部用于完成代工合同。一些企业的产出既用于完成代工合同也用于自主品牌销售。在信息化时代，有效的沟通能够确保企业产出符合品牌的要求。同时，成品还可以通过出口、网络等多个渠道进行销售，库存压力小，有利于较快回收成本并取得收益。

五、体育制造业运营模式分析

7-4

第二节　体育制造服务行业发展状况分析

不同于体育制造业，体育制造服务业又有特定的概念和内涵。目前，我国体育制造服务业的发展态势较好，但发展水平较低，其结构可分为水平结构和垂直结构两个维度。在互联网与社会经济强力黏合的宏观环境下，体育制造服务业展现出一些新特征。同时，体育制造服务业的具体形态较多，主要有以下三种模式。

一、体育制造服务业概念与内涵

7-5

二、体育制造服务业发展现状分析

体育服务业发展水平是衡量体育产业成熟度的重要标志。目前，我国体育服务业的发展态势较好，但发展水平较低。相比体育制造业，体育服务业在体育产业中的占比相对较少，仅为两成左右。

目前，体育服务业发展的特点体现在两个方面。一方面，发展规模扩大，行业结构有待完善。当前，我国体育服务业处于快速发展阶段，多年来保持较高的增长速度。但是，行业的结构并不完善，包括体育竞赛表演活动、体育传媒与信息服务以及体育经纪与代理、广告与会展、表演与设计服务等增加值在体育产业增加值中的占比较低，均低于 5%。另一方面，服务产品类型增加，服务质量有待提高。伴随体育服务业与互联网的结合，具体的业态类型更加丰富。包括体育旅游、在线票务、智能场馆在内的新型服务业态发展，使得民众有了更多的消费选择。但是，健身培训、场馆服务、中介服务等传统业态依然占据主导，既没有针对骑行、徒步、攀登等当下流行运动产出相应足量的服务，也没有拓展定制化、个性化服务，无法满足民众的需求，从而制约了整体服务质量的提升。

三、体育制造服务业结构分析

对体育制造服务业结构的分析，也可以从水平结构和垂直结构两个维度切入。

7-6

四、体育制造服务业新特征

在互联网已经与社会经济强力黏合的宏观环境下，体育制造服务业也因此体现出如下新特征。

（一）服务数字化

互联网使得体育服务业的便捷性大大提升。体育培训等服务都能通过网络平台进行供给，与体育服务购买相关的手续也能依靠网络平台完成，服务的需求者可以通过相应的平台获得这些服务、完成相关的流程与手续，而不必再到达现场。体育服务供给与获得的便捷性大大提升，丰富并提升了消费者的服务获得体验。

（二）依托互联网的服务消费不断增加

正是互联网平台提升了体育服务业的便捷性，使得越来越多的体育服务消费在互联网平台完成。无论是体育场馆预定、体育赛事票务预定，还是体育培训、体育传媒等，这些服务的提供者和需求者都能在互联网平台进行交易，提高了服务效率，有利于体育服务使用效率的最大化。

（三）服务的可选择性增加

互联网平台在提升体育服务业便捷性的同时，也扩展了体育服务的容纳空间。由于体育服务的数量庞大，消费者可以根据自身的需求有针对性地进行选择，例如选择自己喜欢的体育竞赛、寻找适宜的体育场馆等。由此，消费者的选择权得以强化，同时也加剧了体育服务业的竞争，进而有效提升体育服务业的质量。

五、体育制造服务业运营模式分析

体育服务业的具体形态较多，每一种服务形态的运行模式也各有特点，具有普遍性的有以下三种模式。

（一）自主运营

这种模式下，由体育服务及场馆等服务载体的所有者自主负责日常运营、场馆维护、市场开发等全面工作。服务收益自收自支，相关的决定决策也完全自主。

（二）合作经营

合作经营是指体育服务及场馆等服务载体的拥有方有两个及以上的所有者，并且参与到体育服务及场馆等服务载体的日常运营、场馆维护、市场开发等工作。根据资金、资源投入比例的不同，合作者在决策、经营等方面的权力与责任也存在差异，进而决定收益分配。这种模式下，合作者既可以共同参与工作，也可以委托某一合作者进行日常管理。

（三）委托经营

委托经营即所有权与经营权分离。体育服务及场馆等服务载体的所有者以承包、租赁、委托经营的方式将经营权力转移给其他的自然人或法人。所有者与取得经营权的自然人或法人签订合同，规定委托经营的期限、权限、业务范围、责任、利益分配等内容。如果由擅长体育产业经营的自然人或法人取得经营权，则对于提高体育服务质量具有积极意义。

第三节　体育服装用品市场分析

我国体育服装用品市场规模持续扩大，消费所涉及的体育运动种类越来越多，消费人群扩大。在行业竞争方面，呈现出若干优势品牌保持领先、较多优质品牌胶着竞争、其他品牌抢占低端市场的格局。体育服装用品的运营模式分为成本导向、价格导向、需求导向三类。未来，体育服装用品将会呈现出科技含量不断提升、产品的环保性不断提升、个性化趋势不断加强的走向。

一、体育服装用品行业分类

二、体育服装用品市场现状

7-7

体育市场规模持续扩大体现在两个方面。一方面，消费所涉及的体育运动种类越来越多。除了足球、篮球、乒乓球等传统受欢迎的运动之外，垂钓、徒步等运动也逐渐受到民众的热捧，再加上马拉松的参与人数爆发式增长，大大扩展了民众偏好的运动类型。与运动相关的服装用品消费也就自然而然地发展起来。另一方面，消费人群扩大。目前，我国的消费人群呈现出这样的变化特点，即从一线城市较高收入群体向普通人群蔓延、由城市向农村蔓延、由青少年到各个年龄段覆盖、由男性为主到女性消费者增加等，这就意味着消费人群的体量还将进一步扩大，给体育服装用品提供了充足的市场空间。

三、体育服装用品竞争格局

总体而言，体育服装用品的市场竞争非常激烈，呈现出若干优势品牌保持领先、较多优质品牌胶着竞争、其他品牌抢占低端市场的竞争格局。

7-8

7-9

四、体育服装用品运营模式

体育服装用品运营模式与体育用品制造业的运营模式整体相似，当然，体育服装用品也有自身的特殊性运营模式。

五、体育服装用品发展趋势

7-10

体育服装用品消费是所有体育消费中最常见的行为，与消费者之间的关系也更密切，这也凸显了明确把握体育服装用品发展趋势的重要意义。

第四节　户外体育用品市场分析

当前，我国户外运动行业发展良好，总量实现持续增长。随着民众对登山、徒步、攀岩等户外运动的热情不断高涨，刺激了户外用品的需求，国外户外运动品牌纷纷进入我国市场，形成金字塔形竞争格局。户外用品运营模式主要有OEM模式、ODM模式、OBM模式三种。由于户外运动受到越来越多人的青睐，户外用品行业具备较好的发展前景，户外行业未来发展必须重视开拓女性消费者市场，科技依然是核心要素，注重产品的可日常化。

一、户外用品行业分类

二、户外用品市场现状

7-11

三、户外用品竞争格局

四、户外用品运营模式

五、户外行业发展趋势

户外运动受到越来越多人的青睐，户外用品行业具备较好的发展前景，以下三个趋势是户外行业未来发展需要重视的。

（一）开拓女性消费者市场

男性是当前户外产品消费的主力军，而越来越多的女性也参与到户外运动中，这对提升户外用品需求有很大帮助，是未来市场开发的重点。为此，户外运动品牌必须重视女性产品的研发与设计，制造企业应该对女性专属的户外产品制造给予更多关注，使得最终呈现出的产品能更好地吸引女性消费者。

（二）科技依然是核心要素

户外运动参与者需要面临户外复杂多变的环境，需要应对各种突发性问题，使得提升功能性一直是户外产品设计、制造的主要目标。功能性的提升离不开科技的融入，未来，高新科技依然需要不断运用到户外产品中，使产品具备更多的特点，不仅具备排汗速干、吸湿防臭、抗撕裂等功能，而且服装、背包、防潮垫、炊具等也要注重美观、轻便、环保，从而适应消费者的需求，提升消费者的产品使用体验。

（三）注重产品的可日常化

虽然户外用品有着鲜明的特点，但是从未来的发展趋势看，能够将服装以及各类产品用于日常生活的使用成为必然趋势。为此，在产品外观、功能开发方面需要下更多的工夫，避免在非户外活动时间段的闲置。

第五节　可穿戴体育用品市场分析

全球的可穿戴体育用品市场不断发展，我国同样如此。对可穿戴用品市场进行用户分析需要重点关注价格因素、功能和使用便捷性。要促进可穿戴用品市场销售，需要注重以塑造健康概念来引导消费和以新功能开发来吸引消费这两个方面的营销。

一、可穿戴用品市场总体分析

二、可穿戴用品市场用户分析

7-12

三、可穿戴用品市场营销分析

可穿戴用品拥有的科技属性使其销售价格较为高昂，但是，智能手表、手环、眼镜等设备目前能带给使用者的体验相对有限，而且一些功能完全可以通过智能手机实现。未来，要促进可穿戴用品市场销售，需要注重做好两方面的营销。

（一）塑造健康概念，引导消费

由于可穿戴用品售价相对高昂，消费人数有限，有些消费者即便对产品有意向，但因价格只能望而却步。可见，价格还是影响消费者购买意愿的关键因素。为了改变这样的方式，可穿戴用品行业需要深度挖掘产品价值，充分把握产品与健康之间的联系，进而塑造若干健康概念，传递给消费者并且反复强化，促使更多的消费者建立起类似“可穿戴用品对运动对健康有着不可忽视的作用”的理念，更好地引导消费者购买可佩戴产品。

（二）新功能开发，吸引消费

目前，可穿戴设备的功能相对比较单一。主要是记录运动时间、里程、能量消耗值等数据。同时，有一部分可佩戴产品也用于记录个人的生活信息，例如生物识别特性、睡眠与心情等。但是，可穿戴设备并非是实现这些功能的唯一选择，再加上高昂的价格，阻碍了刚性需求的形成。为此，无论是可穿戴用品品牌还是制造企业，都应积极深入开发更多、更新的功能，促使产品设备与运动场景、生活场景以及健康管理理念的融合，输出高价值信息，有效辅助使用者健康运动与生活。

第六节　主要体育用品市场分析

我国的健身器材市场规模还比较小，行业发展体现出消费市场进一步扩大、强化品牌建设、充分利用互联网平台的趋势。此外，在我国体育运动防护用具产品市场中，国外品牌占据了主要市场份额，国内品牌竞争力较弱。

一、体育器械及配件市场分析

二、体育训练健身器材市场分析

三、健身器材行业未来发展趋势

7-13

四、体育运动防护用具产品市场分析

第七节　体育制造服务业发展策略建议

未来，我国的体育制造服务业有着良好的发展前景，在需求增长和国家政策

支持的双重刺激下，不断扩大规模、凸显产业地位、提升社会功能。我国体育制造服务业需要通过明确品牌现状、明确品牌定位、强化品牌技术研发能力、强化价格管理、细分目标顾客与市场等来提升竞争力。

一、体育制造服务业未来发展趋势

7-14

体育制造服务业未来会继续向好发展，在需求增长和国家政策支持的双重刺激下，行业的发展空间将不断扩大。

二、体育制造服务业的竞争策略与发展建议

为了充分利用好市场机遇，体育制造服务业需要顺应发展趋势，通过各种方式提升竞争力。当然，具体的方式与途径需要落实到各个企业尤其是更具规模和竞争力的知名企业，进而实现总体目标。

（一）明确品牌现状，明确品牌定位

清晰明确的品牌定位，能够为品牌的技术开发、产品设计、营销传播等指明准确的方向。要清楚自身处于怎样的位置、达到什么样的目标，以及通过什么样的方式实现目标。为此，对于体育制造服务业的制造企业、品牌企业而言，必须明确自身的定位。

首先，要清晰了解目前在行业中自身所处的位置。认清现状，了解自身所处的位置，是明确品牌定位的前提。

其次，明确品牌发展的目标。即品牌在近期阶段需要达到什么样的目标，更明确而言，即品牌要在行业中上升到什么地位。在清晰了解自身现状的基础上，就需要设定合理的发展目标，进而采取相应的营销定位策略。对于体育制造服务业的制造企业、品牌企业而言，目前需要有一定国际化的视野，但发展的重点主要还是在国内。在充分稳固国内发展地位的基础上再逐渐转移到国际市场。为此，在营销定位策略方面，适合采用以本土化策略为主国际化策略为辅的形式，将主要资源用于国内市场。

最后，明确自身发展的优势。为了更好地实现目标定位，就必须充分调动资源，尤其是自身的优势资源。对于体育制造服务业的制造企业、品牌企业而言，自身的优势主要体现在长时间发展积累的原料渠道、经销渠道、行业声誉以及消费者偏好等。为此，需要充分利用这些优势，有效制订具有针对性的营销策略，体现出自身独有的特色。这些特色往往会成为竞争中的差异化优势。

（二）强化品牌技术研发能力

专利技术是品牌发展的核心竞争力，一切发展定位以及营销策略的选择都离不开专利技术。品牌之间的竞争，在很大程度上就是专利技术的竞争。为此，增加技术研发投入、强化技术研发能力，增加品牌专利技术是品牌发展必然要推进的工作。

对于体育制造服务业的制造企业、品牌企业而言，若要提升在国内国际市场的竞争力，强化技术研发能力是必由之路。一方面，不断提升研发投入比重。通过与国内外品牌相比发现，国内品牌目前的研发投入比重较低，导致技术研发工作受到制约，无法充分开展起来，必然影响专利技术的产出数量和产出速度，产品的技术含量得不到技术提升，最终会影响品牌的竞争力。为此，体育制造服务业的制造企业、品牌企业必须充分重视技术研发的重要性，增加研发投入，提升研发投入比，支持研发工作的开展。另一方面，不断提高技术研发的前瞻性。前瞻性主要是指独有的且具有引领意义的技术研发。目前一些体育制造服务业的制造企业、品牌企业的一部分专利技术产出与其他品牌之间存在一定的相似性，尤其是模仿一线品牌技术的现象，从而很难在行业中处于优势地位。为此，企业在推进技术研发工作中应该有前瞻性意识，随着研发投入的增加，不断将眼光投放到独有性、领先性的技术开发中，才能不断稳固国内的竞争地位，并在国际市场上和各个品牌展开真正的竞争。

（三）强化价格管理

产品合理定价以及有效的价格策略对于销售绩效的提升有着重要影响。不合理的定价以及错误的价格策略将会减弱消费者的购买欲望，产品设计、产品质量再好也将会面临滞销的问题。为此，对于体育制造服务业的制造企业、品牌企业而言，必须强化价格管理，合理定价，选择有效的价格策略。

国内的一切运动品牌对部分产品采取制订高价的营销定位策略，但是效果并不理想。为此，品牌在采取高价策略之前必须谨慎考虑各项因素。

一方面，同类产品的市场价格。价格策略的制订最终目的就是为了把更多的产品卖出去，如果产品价格高于市场其他同类产品，而本身又不具备较强的不可替代性，那么将会有很大概率失去市场。所以，品牌在开发产品以及定价时，要充分了解市场同类产品的价格，了解产品能够给消费者带来的体验。如果本品牌的产品确实有新的优势，具备提价的基础，也需要测算提价的比例，不能盲目提价。

另一方面，了解消费者诉求。在互联网十分发达的今天，广泛了解消费者诉求已经不再是一件困难的事情。品牌可以通过各个渠道了解消费者对本品牌和产品的评价，以及对一些产品的功能预期和价格预期。根据这些信息，品牌在制订价格策略时就有了针对性，能够较好地契合消费者的预期，也就能保证产品的销售绩效。总之，通过合理的定价，选择有效的几个策略能够促进产品的市场销售，不能为了定价而定价，如何更好地让产品为消费者和市场所接受才是最重要的目标。

（四）细分目标顾客与市场

品牌市场份额的获取主要是依靠目标客户群体对销售的贡献。品牌在产品设计、营销、销售各方面的工作也主要依据目标客户群体偏好与需求展开。当然，对于体育制造服务业的制造企业、品牌企业而言，随着运动装备、设备的需求不断增大，所面对的目标客户群体的数量也越来越庞大。但是目标客户群体中的小群体因为个人生活环境、经济基础、价值观的不同，使得他们对产品的偏好存在差异。对于这些企业而言，要牢牢把握已有客户群体并进一步开发新的客户群体，在满足客户基本共性需求的基础上就需要对目标客户群体进行细分，将客户群体分为几个大类。例如按照年龄分为年轻客户群体、中年客户群体、老年客户群体等。在细分客户群体的基础上，针对每一类客户群体的特点，设计生产不同的产品，选择不同的营销方式。

当前，年轻化营销是品牌定位策略的重点之一，为了获得更多的年轻客户，品牌在产品设计、广告宣传、代言人选择以及新媒体与产品相结合等方面投入了大量的成本。但是因为各方面的原因，收到的效果比较有限。同时，也因此而忽略了对另外一些非年轻客户群体的关注和回应，使得品牌在目标客户群体定位上出现了一定的问题。

为此，品牌需要充分了解自身的目标客户群体。一方面，客户群体年龄跨度较大。从 70 后到 00 后，每个客户群体特点和需求不同。尤其是 90 后 00 后年轻客户群体，更体现出一些特殊性。为此，品牌需要对这些目标客户群体进行细分。另一方面，合适的营销策略。在细分目标客户群体的基础上，需要针对性地选择营销策略。例如，对于中老年客户群体需要采取优质优价的策略，他们对于产品外观设计的要求比较低，但是比较注重产品质量和性价比，那么品牌就需要在相关方面做好工作。对于年轻客户群体而言，产品外观更加重要，同时新媒体等互联网平台的信息对他们的产品选择影响较大，为此，品牌在设计好产品的同时还需要充分利用新媒体平台进行营销，吸引年轻群体，才能有助于产品更好地为年轻群体所接受。

·分报告8·

中国冰雪体育产业发展报告

【导读】2019—2020年度国内冰雪产业发展十大看点：一、冰雪运动“南展西扩东进”战略作用显著，冰雪产业投资环境更加优化；二、受疫情影响，冰雪运动人次大幅下滑，但市场热情不减；三、景区愈发重视冰雪体验业态的引入，冰雪项目有望持续成为景区服务升级的优选；四、滑雪场馆建设增速整体放缓，冰雪运动综合体成为投资新热点，特别是核心城市室内滑雪场进一步加速布局和投建；五、滑雪场联盟模式实现多赢；六、冰场净增量主要源自冬奥会相关场馆项目落成，局部地区商业冰场布局下沉趋势凸显，冰场运营压力增大，但市场总体平稳；七、高质量发展驱动下冰雪场馆经营更加注重提质增效；八、冰雪产业发展的人才缺口依旧较大，但人才培养工作循序渐进步入正轨；九、重大冰雪场馆项目在冰雪运动“南展西扩东进”战略实施中的支点作用更加显著；十、冰雪运动服务专业化升级，冰雪互联网服务平台受资本热逐。

第一节　中国冰雪产业发展环境分析

相较于其他的体育产业而言，冰雪产业对于场地、气候等物理条件要求较高，因此长期以来在北方城市发展较好。随着大众对于冰雪运动的热爱以及科学技术的进步，部分南方城市也可以建设冰雪运动场地，反季节冰雪运动变得可行。本节将从经济发展、产业政策等方面对冰雪产业的发展环境进行分析。

一、经济高质量发展要求我国冰雪产业发展提质增效

党的十九大报告明确指出我国经济已由高速增长阶段转向高质量发展阶段，正处在转变发展方式、优化经济结构、转换增长动力的攻关期。

二、体育产业的政策体系已逐步完善

8-1

8-2

第二节　冰雪场馆建设与年度滑雪人次综述

随着冰雪运动“南展西扩东进”战略推进，冰雪运动项目在全国范围得到大力推广。在此背景下，过去冰雪场地局限于寒冷的北方城市的局面被改变，许多南方城市也建起了相关场地。但是由于场馆建设成本高昂，如何实现收支平衡、持续运营成为大部分企业必须面临的难题。本节对目前我国已有的冰雪场馆数量进行了统计，并基于数据的基础上对年度冰雪消费人次进行了统计。

一、冰雪场馆建设新变化

二、室内滑冰场概况

三、年度国内滑雪人次综述

8-3

第三节　冰雪装备器材产业发展情况

目前，国内的制冷技术和设备已经较为成熟，能够满足冰雪场地、装备器材的制造需要。在大众冰雪装备层面，当务之急是挖掘大众消费潜力、满足消费

需求，通过自主研发满足市场空白。

一、冰场装备及配套设施

（一）冰场设备装备

冰场设备装备主要涉及制冰系统与冰面维护设备，制冰系统中最主要的就是制冰主机，冰面维护则主要为清冰车。《冰雪装备器材产业发展行动计划（2019—2022年）》重点任务中有关冰场设施装备中也提到了绿色环保制冰主机和智能电动清冰车。

近几年，我国制冷设备行业经历了一个高速增长期，国产制冷产品在制造技术、成本控制、市场占有率等方面拥有众多优势。随着我国科学技术的不断进步，制冷设备行业在国内迅速成长起来。目前，我国国产制冷技术和设备制造能力已经发展得较为成熟，国内人工冰场的大部分制冷设备均为国产，能够极好地满足人工冰雪环境的制冷要求。

目前我国真冰滑冰场的制冷系统多由建造方自行设计建造，主要建设企业以外资和民营企业居多。从我国冰场设备装备生产供应情况来看，滑冰场最基础也是最关键的设备设施——冰场制冷系统以国内企业居多，而且主要集中于深圳，但关键部件压缩机、冷媒泵、控制器则以进口为主。

清冰车则以美国、意大利品牌为主，但国产品牌也不断涌现。进口清冰车价格普遍高达百万元，而国产清冰车价格区间在几万元到80万元左右不等。国产设备随着工业科技整体竞争力的提升，在满足市场需求的基础上，以采购周期短、售后响应快、配件价格低等优势成为商业冰场优选。

近年来，众多企业开始布局冰雪，其中不乏许多新三板公司，气膜类代表性企业——约顿公司已开始谋划和布局冰雪产业。约顿公司作为北控集团控股子公司之一，于2014年挂牌新三板，成为我国气膜行业第一个上市公司。

（二）大众滑冰装备器材

在开发大众冰雪装备器材层面，《冰雪装备器材产业发展行动计划（2019—2022年）》指出，要紧扣“三亿人参与冰雪运动”需求，开发物美质优的冰场、雪场专用装备和设施，有效降低冰场、雪场运营成本；研制安全性高、功能性强的冰刀、滑雪板、滑雪服等大众普及型个人运动器材。丰富细化品种，带动新材料创新应用，提升大众冰雪装备器材供给能力，促进大众冰雪消费市场有效释放。

1. 冰刀、冰鞋、冰服等大众普及型冰上运动器材

冰上运动器材中的高端与核心装备仍被国外垄断，冰刀鞋被瑞士、意大利、加拿大等国外企业垄断，如冰刀鞋领域中的鲍尔（Bauer）、CCM、荷兰的 Viking（海盗）、Maple（枫叶）等是众多滑冰运动员的首要选择，滑冰装备高端供应中的国外品牌占据了 80% 以上的市场份额。

国内企业开始慢慢涉足，依托国内强大的制鞋能力和成本优势，开始生产冰刀鞋，因为冰刀需要使用粉末冶金钢，只有国外很少的几家公司能够生产，所以国内高端冰刀的钢材以国外进口为主。公开资料统计，主要的冰刀鞋品牌如表 8-1 所示。

表 8-1　冰刀鞋及冰刀主要品牌

类别		品牌
冰刀鞋	国外	米高（瑞士）、Bauer 鲍尔（美国）、EDEA（意大利）、JACKSON（加拿大）、CCM（美国）、RISPORT（意大利）、SAGESTER（意大利）、ChloeNoel（美国）、MK（英国）、Wilson（英国）、GUARDOG（加拿大）、ZUCA（美国）
	国内	黑龙、百凝盾、劲道、特酷、智趣、金峰、金马、逍遥之星、米高、XAMAS（中国香港）
冰刀	国外	Bauer 鲍尔（美国）、枫叶（Maple 荷兰）、海盗（Viking 荷兰）、瑞普斯（Raps 荷兰）、Power slide（德国）、Bont（邦特——澳大利亚）
	国内	黑龙、飞航、华阳、雷鹰、雪豹、金龙

2. 自主研发不断填补行业空白

当前，自主研发也在不断填补行业空白。随着众多海外品牌进入中国，对国产品牌的成长也带来了一定的促进作用。国内冰刀代表企业——黑龙冰刀 2018 年与哈尔滨工业大学共同研制的世界首台机器人冰刀智能化生产车间已投产使用，效率大大提升，年产冰刀 300 万副，年产值比 2015 年提升 5 倍多，年产 20 万副的滑雪板生产车间也已进入调试阶段。

南方的企业也在依靠制造业发达、善于创新的优势，开始推出自有冰鞋品牌，并以其过硬品质得到市场认可。比如厦门金马冰鞋便利用其在溜冰鞋领域的丰富经验和行业积淀，在推出冰刀鞋后也以其过硬品质得到客户的好评。

（三）市场前景预估

从对行业前瞻性分析来看，国产大众滑冰装备器材产业将迎来三年“黄金期”。近年来，我国的体育产业已经有了持续稳定的发展，但因为我国竞技水平相对较弱、冰雪项目具有极强的季节性和地域性、门槛高等特点，冰雪产业起

步晚，参与人口较少。随着北京成功申办冬奥会，冰雪产业迎来了飞速发展期。2019年，工信部、教育部、科技部等9部门联合印发《冰雪装备器材产业发展行动计划（2019—2022年）》提出，到2022年，我国冰雪装备器材产业年销售收入超过200亿元，年均增速在20%以上。

8-4

在滑冰装备方面，专业运动员及部分业余运动员在置办所需的专业滑冰装备时要求较高，平均每双冰刀鞋需人民币3000元以上，而休闲爱好者则以租赁装备为主。

总体来看，在滑冰设备与装备产业发展方面，国际滑冰品牌已经在国内抢占了高端市场，并逐渐向中低档发展。国内冰运动休闲设备和装备制造企业多是为国际著名品牌加工获得生存空间，或者就是在关键零部件方面，仍然依赖于进口，缺乏与国际知名品牌竞争的能力。发展国产冰雪装备亟须加强产业集群化发展带来的规模经济和外部性效应、技术溢出效应以及产业提升效应，同时强化品牌意识，与知名研发机构和基础零件制造业合作，从口碑与质量两个角度切实提升产业竞争力。

另外，《中华人民共和国2020年国民经济和社会发展统计公报》数据显示，我国中小学生群体已经接近2.2亿人，如可以实现10%参与到滑冰运动中，就将有2200万人直接“上冰”，以产业链角度计算，平均每人带动消费为3500元/年，该市场规模就将突破770亿元人民币。

二、滑雪装备器材产业发展情况

相对于滑雪人次和滑雪场数量的显著提升，国内滑雪器材装备产业发展与滑冰领域同样相对滞后。滑雪场的造雪机、压雪车、魔毯、索道等主要设备，尤其是雪板、缆车和造雪机、压雪车等科技含量较高的冰雪装备产品，目前主要以国外进口为主，奥地利和意大利的缆车在国际上处于垄断地位。滑雪装备器材主要以欧美等国外品牌为主，占全国85%以上的市场份额。

国内得益于成熟的服装制造业基础，滑雪服国有品牌占有率有所提高；魔毯、固定抱索及索道已基本实现国产化，但缺乏自主知识产权，仍处于低端技术层面。

（一）雪场装备及配套设施

我国作为冰雪产业后起发展国家，随着筹办2022年冬奥会和冬残奥会，冰雪产业发展迅速升温，冰雪运动“南展西扩东进”发展格局正在加速形成。

一般滑雪场都配备了滑雪服、雪杖、滑雪板、滑雪靴、滑雪眼镜、滑雪手套等装备供滑雪者租赁使用。一般国内滑雪场的滑雪费包括了滑雪板、滑雪鞋、滑雪杖、滑雪场地的租赁使用，如果还需要其他的滑雪装备，比如滑雪服、滑雪眼镜等，可以进行租赁。

1. 滑雪服配备情况

目前，我国滑雪产业处于迅速扩张阶段，购买全套滑雪装备的发烧友占比较少，大多数进入雪场的滑雪爱好者以租赁雪具大厅的服装为主。

通常大中型滑雪场会交叉购买进口滑雪服和国产滑雪服，进口滑雪服的品牌主要有户外通用品牌，如阿尔派妮、哥伦比亚等；也有滑雪专业品牌，如日本的桑特、菲尼克斯、高得运，欧美品牌蜘蛛、所罗门等。

8-5

目前我国滑雪场配备的滑雪服国有品牌占有率较高，很多滑雪场购置了国产滑雪服，主要品牌有探路者、奔流、蜘蛛王、垦牧、骆驼、匹克、凯乐石等。

2. 滑雪板、滑雪鞋配备情况

8-6

滑雪板是滑雪场雪具大厅内的重要组成部分，对于滑雪者来说，户外类型的羽绒服或冲锋衣或许可以替代滑雪服进行短暂的滑雪运动，但是滑雪板和滑雪鞋却没有相关产品可以替代，必须租赁或者自行购买。

滑雪场雪具大厅中滑雪鞋的数量通常会与双板和单板的数量相对应，按照男性、女性、儿童及不同鞋号进行分布。目前，滑雪场雪具大厅内国产滑雪鞋品牌并不多见，主要还是被进口产品垄断，儿童滑雪鞋每双售价在 1000 元左右，成人滑雪鞋每双售价在 3000 ～ 6000 元不等。

（二）市场前景预估

根据世界各国的滑雪产业发展规律以及经验，我国滑雪产业未来 10 年将处于快速发展期。

美国在 1960 年举办冬奥会之后，迎来了滑雪产业长达 20 年的飞速发展期；在短短 20 年间，年滑雪人次翻了 25 倍，年平均增长率近 20%。结合中外发展趋势分析，我国冰雪将会有至少 10 年的高速增长期，并于 2022 年北京冬奥会前后迎来高速增长期；在 2030 年后，我国滑雪产业将进入成熟期，届时有望成为全球最大滑雪市场。

第四节　冰雪产业人才培养情况

冰雪产业需求的人才不仅有专业的冰雪运动员，还有冰雪管理人才等。目前国内已经有专业运动队、俱乐部两大培养体系。整体来看，我国的冰雪产业人才不足。未来我国应该从培养高水平、高层的人才目标出发，实现多体系的人才培养模式。

一、冰雪产业人才需求现状

人才资源是第一资源，是产业发展的源泉。冬奥会的成功申办，给我国冰雪产业发展带来了前所未有的机遇：产业发展进入加速期，与旅游、科技、建筑等领域的融合程度进一步加深，对冰雪产业人才的需求更加迫切。

根据《北京2022年冬奥会和冬残奥会人才行动计划》，未来一个阶段，我国冰雪产业人才需求主要包括两个方面，一是筹办7项专项计划，即国际优秀人才集聚专项计划、工作人员队伍建设专项计划、竞赛管理人才开发专项计划、专业技术人才培养项计划、竞技体育人才发展专项计划、志愿服务行动专项计划以及人才联络培养专项计划；二是开展4个人才专项计划，即组织实施城市运行人才队伍开发、青少年奥林匹克教育、群众体育骨干人才培养和创新创业人才发展。

据分析，至2025年，我国冰雪专业人才缺口将达到10万人，其中，滑雪、滑冰体育指导员需求近万人；冰雪场地设施操作人员每年至少增加350人。

（一）冰雪运动人才培养现状

我国冰雪运动发展时间较晚，运动水平与世界冰雪强国还存在一定差距：从冬奥会比赛成绩看，直至1980年，我国冰雪运动员才首次于美国普莱西德湖参加冬奥会。我国的冬奥会首金则是由短道速滑运动员杨扬于2002年盐湖城冬奥会上夺得。我国冬奥会奖牌主要分布在短道速滑、速度滑冰、花样滑冰等冰上项目上。从注册运动员数量看，目前，我国雪上项目注册运动员为3082人；冰上运动项目注册运动员为5816人，比雪上项目多2734人。可见我国冰雪运动人才发展整体呈现出“冰强雪弱”的态势。

我国冰雪运动人才培养模式分为以下两个层次（图8-1）。

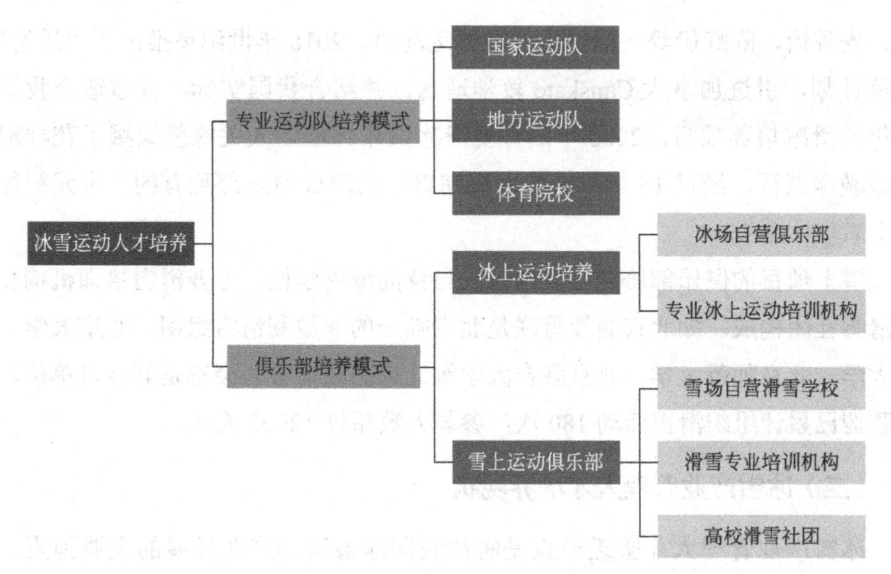

图 8-1　我国冰雪运动人才培养模式

1. 专业运动队培养模式

专业运动队培养模式是我国竞技体育人才培养的主要方式。为了更好备战北京冬奥会，我国现已组建 19 支专业运动队，其中运动员主要由国家运动队、地方运动队及体育院校三方负责培养。

国家运动队培养主要由运动项目管理中心为主，各运动项目协会为辅，进行多元培养；个别运动项目则直接由项目协会负责运动员培养。地方队方面，除了以东北三省为代表的冰雪运动传统地区拥有完整的运动队外，江苏、四川和安徽等地也通过地方共建和跨界跨向选才等模式组建冰雪运动队，培育本省冰雪运动人才。体育院校进行的“体教结合”运动人才模式一直是我国冰雪运动培养人才的传统方式，目前哈尔滨体育学院、沈阳体育学院、北京体育大学、首都体育学院等院校都已设置冰雪运动人才培养相关专业，培养出了武大靖和韩晓鹏等一大批冰雪运动名将。其中，哈尔滨体育学院在国内外各级冰雪运动赛事中已获得冠军 242 项，沈阳体育学院获得冰雪运动世界冠军 122 项、奖牌 289 枚。

2. 俱乐部培养模式

俱乐部模式是我国于 20 世纪 90 年代兴起的冰雪运动人才培养模式，其主要培养大众冰雪运动人才。目前以冰上运动为主，雪上项目正在快速发展。

冰上运动俱乐部培养模式相对成熟，主要由冰场自营俱乐部和专业滑冰教育培养机构构成。如北京世纪星滑冰俱乐部创建于 1999 年 6 月，是国内首家专业滑冰培训机构，培育出双人滑组合于小雨 / 张昊、王雪涵 / 王磊，单人滑选手张鹤、安香怡、陈虹伊等一批优秀的滑冰运动员。2016年世纪星推出了“乐滑冰”训练计划，引进加拿大Canskate教学理念，并结合我国实际，打造适合我国青少年的滑冰培养项目。2000年，喜悦滑冰俱乐部创始人关姝就编撰了花样滑冰分级教学课程，经过15年不断的发展完善，已形成俱乐部独有的“多元智能化冰上教学体系”。

雪上项目的俱乐部培养主要由雪场自营的滑雪学校、专业滑雪培训机构和高校滑雪社团构成。如北京高校雪联是北京唯一的非盈利滑雪组织，北京大学、清华大学、北京师范大学、北京联合大学等北京高校滑雪协会都是其会员单位。目前联盟已累计组织滑雪活动180次，参与人数超过12900人次。

（二）冰雪产业管理人才培养现状

冰雪产业管理人才匮乏一直是制约我国冰雪运动产业发展的主要因素。目前，我国滑雪场地的中级及以上管理人才不足600人。多数管理人员来自于滑雪爱好者、退役滑雪运动员及其他领域从业人员。滑冰场地的经营管理人才也十分稀缺。

目前，针对冰雪产业管理人才匮乏的现状。原国家旅游局会同相关省市，采取局省共建模式，在吉林长春设立“国家冰雪旅游人才培训基地”，吉林市万科松花湖度假区滑雪场、吉林市北大壶度假区滑雪场和白山市长白山国际度假区滑雪场三家获批首批“国家冰雪旅游人才培训基地现场教学点”。2018年11月—2019年3月，吉林省先后组织了“全国冰雪旅游导游（讲解员）培训班”“全国主要雪场发展规划和经营战略研究班”和“滑雪场高级管理人培训班”，共为冰雪产业培养各类管理人才近450人。

（三）冰雪场地技术人才培养现状

冰雪运动对场地设施都有较高的要求，这就需要有专业的技术人才为场地设施的安全平稳运行提供保障。滑雪场地需要索道、造雪、压雪、票务等领域的技术人才，而滑冰场地则需要制冰、磨冰、管理系统等领域的人才。我国早期的冰雪场地技术人才培养主要为师徒制，由冰雪场地的老师傅带领若干位徒弟，来实现知识的传授，没有规范的课程体系，新知识的获取主要来自设备供应商提供的业务培训和师父自己的经验积累。随着我国冰雪产业的快速扩张，场地技术人才供给极为短缺，在部分冰雪场地已经出现了恶性竞争的现象。

为缓解我国冰雪场地技术人才匮乏的现状，已有部分国内外技术院校开始进行冰雪场地技术人才的培养，但与行业的需求相比，仍然杯水车薪。以索道技术人员为例，按照国家索道检测的最低标准，一条索道至少需要配置 3 ～ 4 名专业技术人员，其中索道站长 1 人，电器维修 1 ～ 2 人，机械维修 1 人。索道运行期间，所有编配技术人员必须在岗跟班作业。

（四）冰雪产业学历教育发展现状

8-7

学历教育是我国主要的教育模式，也是人才培养的重要渠道。我国冰雪产业学历教育开展的时间较晚，目前开设冰雪专业的高等学校中，大部分是以冰雪运动教育为主。北京体育大学、首都体育学院和张家口学院等院校的冰雪管理专业均为冬奥会申办成功后设立。

二、校园冰雪发展概况

（一）青少年冰雪运动开展总体规划

8-8

北京联合张家口申办 2022 年冬奥会时，我国向世界郑重承诺将通过承办冬奥会带动三亿人参与冰雪运动。青少年群体是三亿人参与冰雪运动的关键，更是我国冰雪运动的希望，国家非常重视青少年冰雪运动发展，众多政策文件都将普及青少年冰雪运动摆在重要位置。

（二）“冰雪运动进校园”实施情况

2019 年 7 月 23 日，教育部组织专家对各地推荐的特色学校进行了综合认定。认定并命名北京市东城区前门小学等全国 627 所中小学校为北京 2022 年冬奥会和冬残奥会奥林匹克教育示范学校，北京市广渠门中学等 1036 所全国中小学校为全国青少年校园冰雪运动特色学校。

第五节　冰雪旅游发展概况

冰雪是未来旅游业发展的三大资源之一，冰雪旅游则是以冰雪、气候及旅游资源为依托，体验冰雪文化内涵的所有旅游活动形式的总称，具有大众性、体验性、休闲性、消费高、停留时间长等特点。冰雪旅游正成为“三亿人参与冰雪运动”的支撑产业。我国已是冰雪旅游资源和旅游经济大国，以冰雪旅游为核心的冰雪产业体系不断完善。以冰雪观光为主体，冰雪休闲、滑雪度假为补充的中国特色冰雪旅游发展模式正在形成，冰雪旅游的时代已经到来。设立“冰雪日”、构建冰雪旅游品牌、补齐冰雪旅游标准化和人才短板、加强国际交流与协作应为我国冰雪旅游下一阶段发展方向。

从政策面来讲，我国迎来冰雪旅游跨越发展的黄金机遇期。近年来，相关部委联合密集出台了系列涉及支持冰雪旅游发展的产业政策，冰雪旅游正在成为国家战略交汇点和地方经济社会发展新支柱。在各方努力下，我国正在形成冰雪旅游发展的合力。

据中国旅游研究院统计，从市场层面来看，我国冰雪旅游经济大国地位已确立。在2016—2017年冰雪季（2016年11月—2017年3月），我国冰雪旅游市场规模达到1.7亿人次，冰雪旅游收入约合2700亿元，以冰雪旅游城市、特色冰雪小镇、冰雪民俗村、滑雪场等为支撑的冰雪旅游发展体系已经初步形成。在2017—2018年冰雪季，我国冰雪旅游人数达到1.97亿人次，冰雪旅游收入约合3300亿元，分别比2016—2017年冰雪季增长16%、22%。冰雪旅游进入了爆发式增长的黄金时代。从产业面来讲，冰雪经济呈现以冰雪旅游为核心、冰雪文创为引领的产业体系，呈现以大众观光为主导、休闲度假为补充的中国特色冰雪旅游发展模式。从空间面来讲，黑龙江、吉林、京冀形成冰雪旅游三足鼎立态势，其中，黑龙江省、吉林省得到全国冰雪市场认可，京冀是以北京延庆、密云和河北张家口为典型的奥运冰雪旅游核心。正在崛起的一带是以新疆和内蒙古为主体的新兴冰雪旅游增长带，同时，辽宁、青海、甘肃等也成为新兴冰雪旅游增长带不可忽视的崛起力量。云南、四川、山东、贵州、山西等省形成了我国冰雪旅游多点开花的局面，一些南方城市以滑雪场为代表的冰雪旅游成为当地冬季旅游业的亮点。

第六节　中国冰雪产业发展中面临的机遇与挑战

随着我国经济发展进入新时代，经济发展的重点是提质增效，此时人们消费水平也在逐渐增强，这为我国冰雪产业的发展带来了巨大的机遇。同时，资源禀赋差异、业态分布不平衡等因素也在一定程度上阻碍着冰雪产业的发展。因此未来我国冰雪产业必须抓住机遇、迎接挑战，方能长久发展。

一、面临的机遇

（一）中国经济发展进入新时代

近年来，国内外环境日趋复杂、挑战明显增多。面对各种充满不确定性的风险挑战，我国经济保持了稳中向好态势，经济运行内在稳定性、协调性增强，质量效益持续改善，对外开放迈出更大步伐。总体看，经过改革开放 40 多年的努力，特别是随着我国经济发展进入新时代，我国发展格局正在发生重大而深刻的变革，高质量发展的趋势得到进一步确立。

当前，产业结构由工业主导向二三产业共同带动转变，工业和服务业加快向中高端迈进，服务业成为发展主动力。需求结构由主要依靠投资、出口拉动向依靠消费、投资、出口协同拉动转变，内需拉动作用显著增强，消费成为压舱石。在扩大内需战略推动下，居民消费潜力有序释放，消费升级势能持续增强，消费的基础性作用不断发挥。随着供给侧结构性改革、“放管服”改革等各项举措落实到位，改革将释放更多红利，为转型升级和高质量发展提供有力的体制机制保障。

在新的历史阶段，我国冰雪产业作为促进我国产业结构升级、协调区域发展、促进居民消费和扩大国际合作的有效手段，将发挥更大的作用。

（二）世界冰雪产业格局变迁

综合全球滑雪市场来看，滑雪产业依旧面临挑战：西方国家滑雪者的数量基本趋于增长停滞；在人口老龄化和经济动荡的大背景下，虽然 2018 年韩国举办了冬奥会，但这并没有给韩国的滑雪产业带来积极的推动作用，滑雪度假区的游客人数也在持续下降；东欧、中亚和中东许多有前途的项目进展缓慢，或被搁置。

我国正处于经济高质量发展的新阶段和冬奥会的红利释放期，冰雪产业得到了极大的促进，其增长速度已明显高于世界其他国家，成为世界冰雪产业新的增长极。

（三）5G 时代创新产业发展模式

5G 技术具有高速率、低时延、广覆盖三大特点。2017 年政府工作报告首次提到“第五代移动通信技术（5G）”，这标志着 5G 技术将加速影响各行各业，推动经济社会发展，发挥其在全行业、全社会的基础性支撑作用。2019 年国务院办公厅印发《体育强国建设纲要》，明确指出“加快推动互联网、大数据、人工智能与体育实体经济深度融合，创新生产方式、服务方式和商业模式，促进体育制造业转型升级、体育服务业提质增效”。体育与以5G为代表的高新技术产业融合程度进一步加深，在物联网、人工智能技术的推进下，体育产业发展模式将迎来新的变革。

二、存在的挑战

（一）资源禀赋分布差异制约我国冰雪产业发展

我国国土面积辽阔，早期冰雪运动发展受自然条件影响较大。在地形地貌及雪量方面南北方都存在较大差异，北方占据主要优势，因此以东北三省为首的北方地区冰雪产业发展较早，无论是场馆设施还是冰雪旅游方面的发展都优于南方。尽管近些年在冰雪产业的推动下，逐渐形成“北冰南展西扩东进”的冰雪发展格局，但南北区域间发展仍不均衡，技术的进步只能在一定程度上缓解南方气候对冰雪运动发展的阻碍。但相比于北方发展仍显劣势，且南方冰雪产业的发展更多为体验式，使其所创造的冰雪产值甚少，对于我国冰雪产业的推动作用较弱。

（二）业态发展不平衡问题依然存在

经过近几年发展，冰雪产业核心层（包括竞赛表演、运动培训、装备制造）的价值创造能力薄弱，冰雪产业相关层（冰雪旅游）却成为吸引旅游者消费的主要驱动力。从整体上看，各个业态的供给都相对薄弱，各业态之间也未能协调发展。例如，由于装备制造水平偏低，致使我国众多中小型雪场无法负担高昂的场地设施购置费用，只得减少或放弃提供高质量的滑雪场地服务，这极大阻碍了消费者培养滑雪兴趣，提高了其运动风险，造成我国滑雪消费者由一次性消费向多次消费转化率低的问题。

（三）政策扩散效应无法保证

截至2019年8月，我国已颁布冰雪产业相关文件70余份，其中，国家层面11份，地方层面60余份。特别是，2019年3月，中共中央和国务院办公厅联合出台《关于以2022年北京冬奥会为契机大力发展冰雪运动的意见》，提出积极引导我国冰雪产业发展，以实现带动“三亿人参与冰雪运动”的美好愿景。我国冰雪产业发展已基本完成顶层设计。但从地方落实角度，由于各机构间对政策信息掌握的效率存在差异，导致我国冰雪产业政策在纵向和地方横向上的扩散速度差异较大，无法保证政策的有效落实。

“三亿人参与冰雪运动”的宏伟目标为我国冰雪运动的发展带来了前所未有的历史机遇，2022 年北京冬奥会的筹办点燃了全国人民参与冰雪运动的热情。在国家各级相关主管部门的支持和业界的共同努力下，冰雪运动粉丝群体基数正越来越大，冰雪产业前进的步伐也越来越快。相信随着各项政策的落地，冰雪产业的体量也将达到前所未有的高度，让我们拭目以待！

·分报告 9·
中国体育城市与体育小镇发展报告

【导读】 体育城市和体育小镇作为体育事业发展的重要载体，对于我国体育事业高质量发展和建设具有重要意义。本书以我国体育城市和体育小镇作为切入点，总结了体育城市发展经验，并探索了体育小镇建设路径。

在体育城市的分析中，主要从体育发展与城市品牌的关系展开论述，之后从体育城市评价、城市体育发展的调查数据分析、城市体育发展的现状分析等方面分析了体育城市发展现状，并以北京市为例，总结了体育城市的发展经验。

在体育小镇分析中，重点从体育小镇的定义、体育小镇评价体系构建，以及体育小镇发展的现状分析等方面进行了讨论。之后，以北京、上海、广东和浙江等省市为例，进行了特色体育小镇建设的案例分析。本书通过对体育城市和体育小镇发展现状与经验总结，希望为促进体育经济快速增长、推动全民参与体育健身活动、弘扬体育运动精神提供支持。

第一节 中国体育城市分析

城市作为区域性的政治、经济、文化和体育中心，同时也是社会发展和人类社会文明的一种主要表现形式。现代化的国际城市建设规模也综合反映了市场、社会体育、文化产业、城市经济发展的规模及其发展经历、聚落水平等诸多因素。

随着我国现代城市经济的发展以及经济结构的不断调整升级，要求现代城市向着体育与休闲城市方向发展。因此，现代体育城市定位与建设也就成为世界上许多国家、城市或地区获取更大发展空间的战略性选择。体育城市建设有助于人民群众建立健康、科学、文明的生活方式和提高人民群众生活质量，也是发展社会体育的重要组成部分。体育城市建设对全国的经济、政治、文化以及体育等方面都有着重要的影响。

一、体育发展与城市品牌的关系

（一）城市建设与品牌传播

目前国内的大多数专家认为：以体育运动为载体，以对城市精神文明建设和经济发展为主导，具有浓郁的体育文化底蕴，且拥有一定影响力的体育赛事和场馆资源的城市或城市群可以统称为体育城市。从一定程度来说，体育城市是体育产业规模发展的结果，因为只有该城市的体育产业对 GDP 的贡献率达到了一定比例，且拥有良好的体育文化氛围，该城市才能称为体育城市。

体育产业对于城市最大的意义就在于更好地传播了城市品牌。我国的绝大多数城市并不缺资金，缺的是让世界了解自己的窗口。体育作为优质的营销载体，格外引人注目，彰显着举办城市的魅力与实力，进而通过整合各种媒介渠道，充分发挥全媒体时代的传播效应，把城市的名称、外在形象和文化内涵适时地呈现给大众，不断提升城市的知名度和美誉度，最终达到城市营销的目的。因此，打造体育城市，对于城市品牌形象建设、产业结构升级和高质量发展具有重要意义。

（二）城市品牌与体育发展的关系

在世界交通和通信技术快速发展的今天，全球经济发展已经超越时空形成一体，发达国家的各个城市正在借助其强大的经济实力不断承担着全球投资人的义务，同时也在不断实施文化渗透。当今城市已经不再是过去那样仅仅依靠内生性自然增长，而是形成了在经济全球化、文化强势吸引力作用下，依托强大的现代营销手段，主动并积极地通过吸引全球游客、投资者以及居民数量的提升，进行内外整合的发展模式，进而产生强有力的社会影响，最终塑造一张所在城市的“黄金名片”。

9-1

二、体育城市评价

体育城市是以“城市”为单位进行评价，不仅要求该城市积极参与和举办体育赛事，同时要将体育产业作为城市发展和建设的重要产业支柱。

（一）体育城市评价对象

9-2

体育城市评价对象共计 52 个城市。按照 2020 年《第一财经》公布的城市等级名单，选取了一线、新一线、二线和三线城市作为评价对象。其中，一线城市 4 个，占比 7.7%；新一线城市 15 个，占比 28.8%；二线城市 19 个，占比 36.5%，三线城市 14 个，占比 26.9%。

（二）体育城市评价体系构建

从城市市民与体育发展的关系来看，一方面，要培养市民观看竞技体育的兴趣和热情，通过体育竞赛打造城市知名的体育品牌、球队或俱乐部等；另一方面，要将体育锻炼融入市民的生活，要加强体育基础设施或配套设施建设，鼓励市民参与体育锻炼，通过现代化媒介调动市民体育锻炼的积极性。综合上述分析，本部分拟从 4 个维度对体育城市进行评价，具体包括城市体育赛事举办、城市体育产业与规划、城市体育建设与生活、城市发展与配套。具体指标含义如表 9-1 所示。

表 9-1 体育城市评价的一级指标

序号	一级指标	含义
1	城市体育赛事举办	该指标旨在反映近两年来城市举办体育赛事的情况以及城市申办各类体育赛事的能力
2	城市体育产业与规划	该指标旨在反映城市体育发展规划和体育产业现状
3	城市体育建设与生活	该指标旨在反映城市体育基础设施建设情况，城市市民参与体育锻炼情况和体育媒介的情况等
4	城市发展与配套	该指标旨在反映城市经济发展情况，以及城市的旅游、交通和住宿等配套情况等

1. 城市体育赛事举办

城市体育赛事举办包含两个维度：城市体育赛事报道和城市体育赛事申办。其中，城市体育赛事报道是指该城市过去两年内报道国际体育赛事、群众体育赛事数量和竞技体育赛事的数量，该指标能够反映近两年来城市举办赛事的情况，从国际和国内体育竞技，以及群众参与体育情况来反映城市体育参与热度，属于客观数据指标。由于目前缺少相关数据的官方资料统计，因此，本书建议在统计数据时，可采用大数据收集方法，利用网络爬虫技术，从各城市体育局官方网站搜索相关体育赛事报道，以保证数据的客观性和准确性。需要说明的是，为平衡国际和国内赛事、群众和竞技赛事的关系，三项指标最高得分均为50分。依据城市体育赛事数量的排名情况，对各城市体育赛事进行评分。

9-3

2. 城市体育产业与规划

产业结构是衡量城市发展的重要宏观经济指标。体育产业对城市经济的贡献，直接反映了城市体育的发展状况。本书从城市体育发展规划与体育产业现状两个维度来衡量城市体育产业与规划。城市体育发展规划由体育城市支持率和体育发展规划两个指标构成；城市体育产业现状由体育产业和体育小镇两个指标构成。具体来看，体育城市支持率为主观评价指标，本书通过调查问卷来获取相关信息，通过题目“您认为，在我国的城市中，哪些城市最能代表我国的体育城市（选择5个）？”，得票率较高的城市即为体育城市。体育发展规划为主观指标，通过被访者对所在城市的体育特色进行评价得出，并用5级李克特量表来衡量，其中，1表示该城市没有明确体育发展规划，5表示该城市体育规划明确，且与城市人文、历史等紧密联系结合在一起。体育产业为主观指标，通过题目“您觉得您所在城市体育产业发展情况，在全国城市中处于什么水平？”来衡量，同样用5级量表来测量，分值越高表明该城市体育产业发展越好。体育小镇为客观指标，指该城市拥有的国家级体育特色休闲小镇的实际数量。本书依据国家体育总局列出的体育运动休闲特色小镇名单，对各城市的体育小镇指标进行评分。具体各级评价指标及分值如表9-2所示。

表9-2　城市体育产业与规划评价指标

一级指标	二级指标	三级指标	
		指标名称	分值
城市体育产业与规划	城市体育发展规划	体育城市支持率	50
		体育发展规划	40
	城市体育产业现状	体育产业	50
		体育小镇	30

3. 城市体育建设与生活

体育基础设施是保障城市开展体育竞赛、市民参与体育获得的“硬件”保障，而城市体育生活是反映市民体育热情、体育信息传播的“软件”基础。因此，城

9-4

市体育建设与生活是衡量体育城市的重要指标。本书主要通过两个二级指标来衡量。城市体育建设包括专业体育场馆个数、体育场地面积和体育场地个数三个维度，这些指标均为客观数据。其中，专业体育场馆指城市拥有专业体育场馆数量，体育场地面积指城市每万人人均拥有体育场地面积，体育场地指城市拥有体育场地个数。

4. 城市发展与配套

建设体育城市不仅要建设体育基础设施，打造城市体育精神，而且要有城市社会经济发展和人文环境等配套建设作为保障，因此，城市体育发展与配套是衡量体育城市的重要指标。本报告从城市经济发展和城市配套建设两个维度来衡量。具体来看，城市经济发展包含城市经济和城市等级两个指标。城市经济是指城市人均 GDP，而城市等级是指城市目前所处的等级，根据每年度《第一财经》公布的数据对城市发展进行评价，两者均为客观数据，且总分均为 50 分。本报告根据各城市的经济发展与城市等级实际排名，对这两个指标进行赋值评分。

城市配套建设从城市旅游、城市交通和城市住宿情况来衡量。其中，城市旅游为客观数据，主要用城市机场游客吞吐量（以万人次为单位）来反映，通过网络收集相关数据资料信息；城市交通为主观评价指标，通过调查问卷来衡量该城市市民对交通建设水平的评价；城市住宿情况为客观数据，通过城市拥有的星级饭店数量（家）来衡量，该数据可在相关统计年鉴上查找获得。本报告中城市旅游指标为 50 分，而城市交通和住宿情况均为 40 分，在评价过程中根据城市总体的排名情况，予以相应赋值。城市体育发展与配套的具体指标如表 9-3 所示。

表 9-3　城市体育发展与配套评价指标

一级指标	二级指标	三级指标	
		指标名称	分值
城市体育发展与配套	城市经济发展	城市经济	50
		城市等级	50
	城市配套建设	城市旅游	50
		城市交通	40
		住宿情况	40

三、城市体育发展的调查数据分析

关于体育城市的评价，不仅要有体育场馆、体育场地、体育赛事等客观数据，还要了解城市公众的体育精神面貌、市民的体育热情以及对城市体育发展的认知。为进一步了解各城市的体育发展状况，本报告通过问卷调查的方式，面向城市公众收集相关数据，旨在掌握公众对城市体育建设的态度和认知，为更好地打造体育城市提供理论和实践依据。

9-5　9-6

四、城市体育发展的现状分析

五、北京体育城市案例分析

奥运会为举办城市的社会和经济发展提供了动力和发展机遇。北京市是全球第一个既举办过夏季奥运会，又举办过冬季奥运会的城市。2008 年北京奥运后，为了加快北京建设世界城市的速度，北京市又重新提出了建设世界城市的发展目标。随着奥林匹克运动国际影响力的提升，奥运会对促进北京市国际体育中心城市建设的发展具有明显作用。从北京市体育城市建设过程来看，有以下经验可以借鉴。

第一，加快培育一批具有国际影响力的体育品牌赛事。2008 年北京奥运后，诸如北京国际马拉松、中国网球公开赛和世界斯诺克中国公开赛等品牌赛事的举办，使得北京市国际影响力有显著提升。从建设国际高水平体育中心城市的角度来看，体育城市的发展需要承办具有国际影响力的体育品牌赛事，并且要提高赛事的数量和质量。北京要借助申办 2022 年冬季奥运会的机遇，加快引进和申办高水平国际赛事，打造具有北京特色的国际体育中心城市的名片。

第二，加速体育城市旅游产业的发展。北京建设国际体育中心城市的经验表明，体育中心城市必须具有体育旅游消费活跃、体育旅游产业市场健全、体育旅游产业发达和能够接待国内外游客的良好基础，推进体育旅游产业结构升级和空间布局优化，提升体育旅游产业发展的水平和质量，把体育旅游产业真正培育成北京奥运城市经济新的增长点。

第三，提升体育城市建设中的体育文化软实力。体育文化软实力是一个城市综合体育能力的重要构成要素，它强调的是一个城市所具有的体育文化吸引力、价值感召力、形象亲和力以及广泛的国际影响力和辐射力。在加强体育基础设施建设的同时，更要注重体育文化工程和体育文化项目的建设，最终提高市民整体文化素质、增强市民生活幸福指数。

第四，充分利用体育场馆满足市民多元化需求。2008 年北京奥运会共使用 37 个比赛场馆，其中北京市内就有 31 个，且东西南北均匀分布，这些奥运体育场馆具有各自的特点，管好、用好这些奥运体育场馆是北京建设国际体育中心城市，巩固发展奥运成果的必然选择。因此，在建设体育城市的进程中，需要政府对体育场馆后续利用进行统筹指导和综合系统功能定位，以满足体育竞赛多功能、体育教育教学多功能、全民健身多功能和现代体育服务业多功能的需求。

第二节　中国体育小镇分析

体育小镇是体育空间的一种，以体育产业为核心，以项目为载体。体育小镇本质上是体育、健康、休闲、养老等产业的综合性集成。我国体育小镇的发展起步较晚，且目前大多数体育小镇项目是由政府为主导推进的。本节对体育小镇的定义进行了界定，并对其发展现状、存在问题、未来展望进行了分析。

一、体育小镇的发展概况

体育产业作为绿色产业、朝阳产业，全民健身上升为国家战略，在这种大背景下，体育空间显得尤为重要。体育空间主要以全民健身运动中心、体育综合体、体育公园、体育小镇为主要表现形式。全民健身运动中心和体育综合体的面积较小，一般在城镇中心；体育公园主要以城市和乡村结合处为主；体育小镇相对来说较远，但面积较大。体育小镇，包括运动休闲特色小镇、体育健康特色小镇、体育产业特色基地等，是以体育产业为核心，以项目为载体，围绕体育、健康、旅游、休闲、文化、养老等多种产业，融健身休闲、娱乐等多功能为一体，集聚创新资源，激活创新活力，转化创新成果，实现生产、生活、生态深度融合，具有独特精神气质与文化韵味的特色经济区域。

（一）体育小镇的概念

体育特色小镇是当前体育学术界较为关注的重点命题，是基于住建部、国家发改委、财政部倡导、扶持“特色小镇”的政策背景下产生的。国家体育总局结合体育产业发展的形势和健康中国建设的要求，为调整体育产业发展结构，促进体育供给侧结构性改革，加快去产能，提效率，推出“运动休闲特色小镇”，体育特色小镇异军突起。2017 年 5 月国家体育总局发布《关于推动运动休闲特色小镇建设工作的通知》，明确指出到 2020 年，在全国扶持建设一批体育特征鲜明、文化气息浓厚、产业集聚融合、生态环境良好、惠及人民健康的运动休闲特色小镇。2017 年已初步在全国选定了 96 个体育小镇示范性试点。体育小镇名称各具特色，基本都是围绕自身的体育资源特色和体育产业特色进行命名的。根据目前一些关于体育特色小镇的描述中可以发现，体育特色“小镇”并不是具体意义上的“城镇”，而是一个综合体，具有复杂的组织结构和运营模式，涉及人文、地理、政治、生态、经济、风俗等各个方面。

（二）体育小镇的特点

体育小镇建设要以体育产业为核心，融合周边产业共同发展。体育特色小镇以体育为特色，以产业为引领和带动。根据自然资源、要素禀赋、体育发展水平和基础等，重点选取基础条件良好、资源禀赋突出的体育产业领域，打造有影响力的体育产业集群和特色品牌。

体育小镇要因地制宜规划和植入山地户外、水上、航空、冰雪等消费引领性强且覆盖面广的时尚运动项目，通过运动项目串联，形成项目集群、服务链条和消费群体，构建内聚成核、外联成网的体育特色生态系统。此外，体育小镇坚持体育与健康、旅游、文化、养老、农业等行业融合发展，通过鼓励将多种功能聚合发展，形成体育服务、产业发展、休闲旅游、文化宜居等功能的有机融合和聚合叠加，实现特色鲜明、产城融合、惠及民众的体育小镇建设之路。

体育小镇建设要以创新管理模式为动力，充分利用政策利好。体育小镇在建设上，坚持市场主导，创新建设和运营管理体制、服务模式和投融资机制，多元化构建体育健康特色小组建设主题。同时，加强政府引导和服务保障，建立政企互动对接机制，在规划编制、建设指导、项目培育、平台搭建等方面更好地发挥作用。同时，小镇的发展壮大，离不开政府支持。体育小镇建设一般被作为重点扶持领域，以奖补方式支持特色小镇共建，并整合优化相关政策资源给予倾斜支持。市县层面也在做好本地区特色小镇引导、指导、服务和管理的同时，积极配套促进特色小镇发展的政策意见和扶持措施。

体育小镇建设以人民健康为中心，在促进经济和改善民生生活中发挥重要作用。积极搭建健身健康融合发展新平台，进一步拓宽服务领域，丰富服务内容，创新服务方式，优化消费环境，全方位、全周期保障人民健康，形成宜居宜游的体育健康特色区域。同时，这种公共服务的增加，能够更好地满足不同群体的差异化需求，实现了区域、企业、产业的共同繁荣，进一步增加就业岗位和居民收入，形成具有影响力的体育健康特色产业集群，促进地方经济发展和民生改善。

（三）体育小镇政策导向

政府政策支持在小镇建设中持续发挥主导作用。政府在小镇建设中应做好顶层设计，把握小镇的建设方向，对小镇进行整体规划，以体育产业为主导，完善小镇产业结构。政府应在小镇建设初期建立评价体系，对于偏离小镇建设方向的项目，应当及时拆除整改，保证体育产业的优先地位。

体育特色小镇目前属于一个新兴的事物，发展概念和模式尚未明确，都有待持续探索。应该针对小镇建设地区，结合当地自然环境与社会环境，制定一些差异性政策，保证地区特色，减少同质性竞争。

传统文化在小镇建设中继续发挥重要作用。体育特色小镇发展，首先要以当地自然条件为依托，结合当地居民的体育素质，并根据当地体育产业发展现状综合决定体育特色小镇的建设思路。因此，在发展小镇经济的同时，应当保护当地的历史古迹，保持民族区域特色。可以将民族传统体育项目与国外体育项目相结合，建立适合当地产业结构的体育形式。依据当地民族体育特色，通过当地居民教授，建立体育学校、举行体育项目比赛、进行文化传媒宣传，为当地居民提供就业岗位，促进贫困地区脱贫、致富，形成区域特色体育名片。

数字经济在小镇建设中持续发挥驱动作用。在建设体育小镇时，要利用科技发展成果，给消费者更好的体验，为体育与其他产业融合搭造平台。例如“体育+互联网”，利用大数据分析，实现了小镇建设的独特方向定位，能够降低运营风险，完善小镇的各项服务。利用大数据和人工智能技术建设体育小镇，能够保证资源配置的有效性，进而发展体育特色经济，发掘体育特色消费。在此基础上，搭建体育运动新平台，引领体育休闲新风尚，提升地方知名度和美誉度。

二、体育小镇评价体系构建

体育小镇是我国推动现代化城镇建设，实现城乡一体化发展，促进供给侧结构性改革的重要举措。从我国发展来看，体育小镇的概念始于2017年，目前仍处于建设阶段。关于体育小镇评价，则是以“乡镇”为单位进行的。相较于普通特色小镇，体育小镇的核心是引入了特色运动休闲项目，与体育产业相融合，打造具有地域特点的体育文化中心。因此，本报告认为，在评价体育小镇时，需要重点强调以“体育产业建镇”这一核心内容，同时，要将政府在建设过程中发挥的积极作用纳入评价体系，要建立相关的准入标准，并且要考虑小镇的基础配套设施等。综合上述分析，本报告提出了体育小镇评价准入标准和三项评价一级指标。其中，评价准入标准实行一票否决制，即只要该小镇违背了该标准的规定之一，则取消体育小镇的参评资格。尽管这项原则的规定较为严格，但从长远发展来看，能够避免触碰体育小镇的建设红线，更有利小镇的可持续发展。

其他三项一级指标分别为政府主导支持、体育产业建镇和社会经济发展。其中，政府主导支持是体育小镇建设的引擎动力。体育小镇的建设不仅会为当地带来新收入来源，而且是惠及民生的重要举措，需要政府的大力扶持和协调落实，方可使小镇建设富有成效。体育产业建镇是体育小镇建设的目标导向。体育小镇之所以以“体育”冠名，务必要有体育特色来突出小镇的亮点。在建设体育小镇过程中，要通过体育产业带动周边产业和社会民生的发展，并借此来提升小镇的影响力和知名度。经济社会发展是体育小镇建设的核心基础，建设有特色的小镇，离不开小镇已有的经济基础和人文积淀，这些要素为提高小镇建设质量提供了必要的物质保障。本报告选取的一级指标具体如表 9-4 所示。

表 9-4 体育小镇评价指标

序号	指标	含义
1	评价准入标准	实行一票否决制，包括明确项目规划和严控产业发展两个指标。具体指小镇在建设过程中要有明确的主体，政府未出现债务危机，避免大拆大建。同时，要严控房地产开发，遵守生态保护红线的管控要求
2	政府主导支持	主要指所属省级体育局在资源整合和配套建设方面的支持，以及地方政府组织领导和协调落实的行动等
3	体育产业建镇	主要指小镇通过体育产业建设能够打造优势特色、促进体育产业发展，带动当地民生发展，并且有体育基础设施和相关的配套建设作为保障
4	经济社会发展	主要指小镇的经济社会发展和荣誉称号等，经济发展包括小镇的人口规模、经济水平和镇域面积等，荣誉称号是指小镇是否获得国家级、省部级或地市级的荣誉，这能够反映小镇的历史人文积淀

（一）评价准入标准

为确保体育小镇建设能够有明确的建设主体，有清晰的规划范围，同时，要严控房地产过度开发，避免建设过程中触及生态红线。为达到以上目标，本报告特制定了体育小镇的评价准入标准，旨在规范体育小镇建设机制，促进小镇体育产业的发展。该标准包括两个二级指标，分别为明确项目规划和严控产业发展。需要说明的是，这些指标均采用一票否决制，即如果体育小镇建设有悖于这些准则，则直接取消参评资格。这样做的目的，也是为了能够规范体育小镇发展，从而更好地发挥体育产业提升小镇经济力量的效应。

具体来看，明确项目规划主要从建设主体和规划范围两项内容出发。其中，建设主体是指体育小镇是否有明确的投资、建设、运营管理主体，地方政府不得在小镇创建过程中出现大包大揽和加剧债务风险的现象。规划范围实施小镇建设要符合多规合一的要求，要有明确的土地规划的边界范围，项目开发要避免大拆大建。

严控产业发展主要从产业用地和生态红线两项内容出发。其中，产业用地是指小镇建设是否从严控制房地产开发，能够合理确定住宅用地比例，提高运动休闲及相关产业用地的比例。生态红线是指小镇建设是否严格遵守生态保护红线管控要求，杜绝挖山填湖、破坏山水田园、引入高污染高耗能产业等情况发生。具体的评价准入标准如表 9-5 所示。

表 9-5　体育小镇评价准入指标

一级指标	二级指标	三级指标	指标说明
规范产业发展（准入标准）	明确项目规划	建设主体（一票否决）	是否有明确的投资、建设、运营管理主体，地方政府未在小镇创建过程中大包大揽和加剧债务风险
		规划范围（一票否决）	是否符合多规合一要求，有明确的土地规划的边界范围，项目开发避免了大拆大建
	严控产业发展	产业用地（一票否决）	是否从严控制房地产开发，合理确定住宅用地比例，适度提高运动休闲及相关产业用地比例
		生态红线（一票否决）	是否严格遵守生态保护红线管控要求，杜绝挖山填湖、破坏山水田园、引入高污染高耗能产业等情况发生

（二）政府主导支持

体育小镇的建设既是一项民生福利，又是一项系统工程。建设小镇，不仅需要有上级体育部门的支持，还需要有地方其他部门的配合。本报告从省级体育局支持和地方政府作为两个维度来衡量。其中，省级体育局支持包括资源整合和配套支持两个三级指标。资源整合是指小镇所在地市体育局整合体育系统资源，在体育资源引入、行业指导等方面予以支持；配套支持是指市体育局在设施配套、平台搭建等方面提供支持。地方政府作为包括组织领导和协调落实两个三级指标，组织领导是指小镇所在县（市、区）政府为体育特色小镇创建领导小组；协调落实是指地方政府能够建立部门协调机制，推进规划编制、土地落实等，解决遇到的各种问题。需要说明的是，本报告列出的三级指标总分均为 60 分，均为主观评价。在评价过程中需要各小镇提供相关的评选材料，由专家成立评价小组，对参评小镇的各项指标进行赋分。具体如表 9-6 所示。

（三）体育产业建镇

体育小镇建设重点要通过体育产业建镇。有别于其他类型的特色小镇，体

表9-6 政府主导支持评价指标

一级指标	二级指标	三级指标	
		指标名称	分值
政府主导支持	省级体育局支持	资源整合	60
		配套支持	60
	地方政府作为	组织领导	60
		协调落实	60

育运动休闲小镇重点突出了小镇的体育产业发展，要将小镇打造成为具有鲜明体育特色的运动休闲区。与此同时，建设体育小镇应通过体育来辐射周边产业，不仅促进体育设施和基础配套设施建设，而且带动小镇所属县域的经济和就业率增长。基于上述分析，本报告认为对于体育小镇评价的一项重点，则是通过体育产业建镇能否带来有效的经济成果，具体可分为5个二级指标，包括打造优势特色、体育产业发展、体育辐射带动、体育基础建设和体育配套设置。具体如表9-7所示。

表9-7 体育产业建镇评价指标

一级指标	二级指标	三级指标	
		指标名称	分值
体育产业建镇	打造优势特色	资源利用	50
		对接需求	50
		体育特色	50
	体育产业发展	计划落实	50
		产出效益	50
	体育辐射带动	产业带动	40
		乡镇民生	40
	体育基础建设	体育设施	50
		体育场地	50
	体育配套设置	交通便利	40
		住宿环境	40
		商业生活	40

具体来看，打造优势特色包括3个维度：资源利用、对接需求和体育特色。其中，资源利用是对当地政府的评价，是指政府能否从实际出发，对当地自然生态资源、体育文化资源实现有效利用，该项指标旨在强调小镇建设能否因地制

宜，有效利用当地的资源优势。对接需求是指体育休闲运动项目的选择，应与区域运动休闲消费需求有效对接。这就要求，体育小镇在选定体育运动项目时，要对周边辐射人群的体育运动需求进行调研，例如，有哪些体育项目受欢迎，在何种时段为需求高峰期，如何对小镇的未来发展进行规划，这些问题的考虑，均要符合小镇建设要对接需求的特点。体育特色是指小镇建设能够确定特色运动项目，做精做强主导体育特色产业，形成布局合理、功能完善、层次丰富的体育产业链条。以上三项指标对小镇打造体育优势特色进行了多维度评价，均采用专家评价的方法进行。需要说明的是，在进行评价之前，各个入围参评的小镇，需要提供体育小镇建设规划相关的资料，作为评分依据。

体育产业发展包括计划落实和产出效益两个维度。计划落实是指体育小镇年度计划的土地开发建设面积、资金总投入、体育产业直接投入的实际完成落实情况。体育小镇的建设需要总体规划和按期建设，在开发过程中要确保资金投入和目标计划落实到位，因此，需要以年度为单位来评价体育小镇开发建设情况。产出效益是指小镇内体育相关产业的实际收益，包括体育企业税收和直接就业人数、承办赛事活动收入、旅游景点门票收益等。体育小镇的产出效益是评价体育小镇经营状况的重要指标，产出效益高意味着小镇富有特色，游客流量多，以及服务质量有保障等特点。

体育辐射带动包括产业带动和乡镇民生两个维度，具体是指小镇通过以体育特色产业为支柱，能够同时带动其他产业发展，并促进当地民生发展。其中，产业带动是指小镇体育产业建设能够与文化、旅游、健康、养老、康养等产业融合互动，延伸产业链条，形成清晰、可持续的盈利模式。体育小镇建设是以体育产业为核心，但并不意味着仅仅依靠单一产业来支持当地建设，而是要将体育与其他相关产业相融合，以此构建优势产业链。乡镇民生是指体育产业对当地民生收入的促进作用，具体是在脱贫攻坚、乡村振兴、促进就业等方面的成效。体育小镇要以体育产业为核心，为促进当地的经济发展、创造就业岗位和增加居民收入贡献力量。

体育基础设施是小镇体育产业的基础，需要结合小镇体育产业定位来确定的具体体育项目，该指标包括体育设施和体育场地两个维度，并且评价总分均为 50 分。其中，体育设施是指小镇拥有的体育运动项目的设施情况，能够满足消费者对于体育锻炼的多元化需求，保证服务的质量，主要用体育场地设施数量来测量；体育场地是指小镇能够提供举办特定类型体育竞赛项目的场所，如游泳馆、滑冰馆、室内篮球场等场地情况，主要用人均体育场地面积进行测量。

体育配套设置是指小镇体育产业的周边配套情况，是为游客提供高品质服务，打造运动休闲小镇的基础设施，包括交通便利、住宿环境和商业生活三个指标，这些指标均为 40 分。其中，交通便利即体育小镇的区位特点，例如，该小镇位于大城市近郊、远郊区或农业地区等。相对而言，小镇的区位优势越好，交通越便利，则吸引的游客数量也会越多。住宿环境是指体育小镇及所属县域内三星级标准以上酒店数量。优质的住宿环境，能为游客带来舒适的旅游体验。近年来，随着各地乡镇“农家乐”旅游项目的快速发展，未来体育小镇可以朝这一方向努力，借此为镇内居民创造就业岗位，助力拓宽收入渠道。商业生活是为游客提供便利服务，满足游客消费需求的基本保障，主要用镇域连锁超市或商业中心的数量来衡量（表 9-7）。

（四）小镇经济社会发展

体育小镇建设是推动地方特色经济发展的新引擎，培育经济增长点的新动能。因此，对于体育小镇建设的评价，要将经济社会发展水平考虑在内，可以从乡镇经济发展和荣誉称号两个指标来反映。乡镇经济发展主要是指一些经济建设的基础指标，包含人口规模、镇域面积和经济水平。其中，人口规模主要用镇域常住人口数量来衡量，本地人口数量越多，能够保证小镇发展有充足的劳动资源。镇域面积用体育小镇的实际面积（平方公里）来衡量，直接反映了体育小镇的建设规模。经济水平用体育小镇所属县的人均 GDP 来衡量，该指标是小镇整体的经济水平、收入水平和地方发达程度的综合体现。乡镇荣誉称号主要是指乡镇获得的国家级称号或省级荣誉称号，也包括小镇已有的国家级特色旅游景区等。一般而言，已获得相关荣誉的小镇在建设过程中更具有优势，可以利用已有的荣誉和影响力，发掘特色体育消费，从而吸引更多的游客，以此来进一步提升地方的知名度和美誉度。具体如表 9-8 所示。

表 9-8　经济社会发展评价指标

一级指标	二级指标	三级指标	
		指标名称	分值
经济社会发展	乡镇经济发展	人口规模	30
		镇域面积	30
		经济水平	30
	乡镇荣誉称号	荣誉称号	30

三、体育小镇发展的现状分析

9-7

四、特色体育小镇案例分析

（一）北京市体育小镇发展分析

（二）上海市体育小镇发展分析

9-8

（三）广东省体育小镇发展分析

（四）浙江省体育小镇发展分析

·分报告10·

中国体育产业品牌建设分析报告

【导读】品牌是组织的无形资产，是组织实力乃至国家综合竞争力的重要体现。历届党和国家领导人都高度重视品牌建设，2017年“中国品牌日”的设立，标志着“发挥品牌引领作用”上升到一个新的高度。党的十九届六中全会提出，“立足新发展阶段、贯彻新发展理念、构建新发展格局、推动高质量发展”，为中国品牌建设指明了方向与路径。对于一个组织而言，品牌是外在形象、公众口碑，是建立在广泛认知和价值认同基础上的信任关系。品牌不仅是组织实力的象征，也是国家综合实力的体现。打造世界一流品牌是培育国际一流体育产业的必然选择，也是我国体育产业持续健康发展的重要目标。

第一节　体育产业品牌建设国际经验与比较

体育产业能够满足人民日益增长的健康和精神需求，市场巨大。发展体育产业、建设体育品牌，是体育市场发展的一个重要标志，是体育组织形象的象征，更是新时代体育产业发展的要求。我国已经进入发展的新时期，发展体育产业、建设体育品牌，为人民群众提供满足健康与快乐需求的高质量体育服务，具有经济和社会双重意义。

从国内发展需求和国际比较看，我国体育产业发展滞后，体育产业品牌从观念、管理体系、发展路径、建设层次到评估体系的品牌管理全流程来看，发展起点比较晚，并且在体育产业内部发展也不均衡。对于体育用品品牌，虽然数量较多，也形成了一批知名品牌，但从2008年至今各体育用品品牌集体陷入发展瓶颈，其中的原因引人深思。就体育赛事而言，比赛种类和赛事较多，但多数知名度却较低、尚未形成较强的品牌影响力和市场竞争力，同时盈利能力不强，品牌价值急需提升。

本节将对我国体育产业品牌价值的发展现状、前景，以及国际体育产业品牌建设的发展现状、趋势进行比较和分析。

一、中国体育产业品牌发展现状及趋势

举世瞩目的2008年北京夏季奥运会后，我国体育事业迎来了飞速发展。广大人民群众对体育的热情与关注度与日俱增，体育需求及体育消费逐年增加，体育产业市场规模不断扩大。2011年，国家体育总局在《体育产业“十二五”规划》中，明确提出“要打造体育用品世界品牌，积极鼓励和扶持知名体育健身企业做大做强，形成具有核心竞争力的体育健身品牌。大力培育具有中国特色的体育赛事品牌，加强体育无形资产开发和保护”“加强对体育组织、体育赛事和活动的名称、标志、版权等无形资产的开发，依法保护知识产权”。

纵观我国体育产业市场，体育品牌主体逐步清晰，体育城市、体育赛事、体育用品、体育服务、体育场馆、体育运动员等都是体育产业的主体，但是其品牌特质具有很大差异。体育产业中体育用品制造行业最早重视品牌建设，品牌数量最多，成果显著，如自主品牌李宁、安踏等。体育赛事品牌建设起步较晚，但也逐步品牌化，形成了具有一定品牌特质的赛事品牌，比如以中国男子篮球职业联赛（CBA）、中国网球公开赛、环青海湖国际公路自行车赛等知名专项赛事，还有全运会等综合赛事。因奥运而著名的体育场馆鸟巢、水立方等已具备国际体育品牌的声誉。我国有姚明、刘翔、李娜等具有很高品牌认知度的运动员，也有战绩辉煌的中国乒乓球队、羽毛球队、跳水队、体操队，等等，表明了我国体育产业品牌元素的丰富性和多样性。

10-1

（一）中国体育产业品牌发展趋势分析

（二）中国体育品牌特点和面临的问题

我国体育品牌已经取得了许多成就，但也存在很多问题。总的

来说，我国体育品牌目前具有如下特点。

1. 体育品牌形成的时间短

纵观我国体育品牌的发展历史，可以看到大多数体育品牌创建时间长则二三十年，短则几年，多处于探索和发展期。其中，体育用品品牌在改革开放后先发展起来，20 世纪 90 年代中期逐步形成健身俱乐部品牌和赛事品牌，进入最近十年是各类体育品牌的发展高峰期。在体育品牌的创建发展过程中，尤其是赛事类品牌，品牌意识不足，品牌形象不够清晰，品牌形象模糊，缺乏品牌文化内涵。

2. 体育品牌发展不平衡

表现在体育不同领域中。体育用品领域品牌数量相对多，知名品牌价值较高，部分品牌如李宁、安踏等已经走向国际化市场。健身俱乐部领域，我国体育品牌规模大的不多，知名品牌数量较少。赛事领域，我国体育赛事品牌、职业体育品牌发展任重道远，近年来国外知名赛事落户我国的很多，争夺了不少市场资源。

3. 整体体育品牌影响力较弱，品牌运营手段单一

总体而言，我国体育品牌与世界知名健身品牌比，品牌影响力和规模还很小。自创赛事品牌由于创立时间短，品牌影响力还不够，缺乏品牌竞争力。

我国体育品牌中，体育用品尤其是服饰类品牌经营较好，其余领域中品牌经营手段较为单一。尤其是赛事领域，由于缺乏品牌实力，有些时候影响到品牌经营问题。纵观世界著名赛事品牌，从品牌授权到特许经营，到品牌联合到收购兼并，品牌经营手段多种多样。我国拥有巨大的体育消费市场，虽然有各级政府的强有力的支持，但体育品牌总体缺乏较高的增值盈利能力，或者是知名度很高但盈利能力较差。基于我国体育产业的发展态势和比较竞争优势，借鉴国外经验，实施体育品牌战略管理，创立和发展体育品牌是我国体育组织的现实选择。

4. 与人民美好生活相适应，体育品牌多元化和个性化成为新亮点

体育产业服务于人民对美好生活的向往和追求，体育品牌在建设和发展过程中，基于产业定位和企业品牌定位，把企业战略和品牌核心价值进行精准定位、精确传播、精致体验，逐步进行了具有一定创新和特点的体育品牌多元化和个性化的新趋势，在体育赛事、体育用品、体育服务领域都出现了一批小而美的品牌，在一定程度上是对体育产业发展的积极回应和推动。

二、国际体育产业品牌价值发展现状及经验

国际体育产业品牌发展较为成熟，对于我国来说，有很多经验值得借鉴。

10-2

（一）国际体育产业发展现状

（二）国际体育品牌的现状特点及经验

总的来说，国外体育产业发展较成熟，体育品牌包括赛事品牌、制造企业品牌、体育场馆品牌等的发展也经历较长的时间，因此形成了自己的品牌发展特点，其品牌发展经验可以供我国体育品牌建设与发展借鉴和参考。具体国外体育品牌的现状有如下的特点。

1. 体育品牌之间关联程度非常高

体育品牌各主体之间关联非常紧密，产业生态各组成部分形成了相互交融的趋势，在一定程度上也推动了体育品牌之间相互关联和相互促进，体育赛事品牌的发展，促进了体育用品品牌的发展。体育用品品牌的发展又为健身品牌和体育赛事品牌的发展提供了良好的保障。

2. 体育品牌竞争日趋激烈

世界体育用品品牌更加集中，品牌格局已逐步形成寡头垄断；体育赛事类品牌出现强者愈强、弱者愈弱的态势；健身俱乐部的强势品牌重点发展特许经营以实现其国际化品牌战略，中小体育品牌将面临重新洗牌。

3. 品牌成为体育组织战略发展的重要手段

体育品牌更加国际化和全球化，品牌战略开始表现突出。品牌延伸、品牌扩张、品牌并购、品牌联合、品牌特许经营或品牌授权等品牌战略使得体育产业多了许多新的商业模式，尤其是体育赛事通过赛事品牌授权和特许经营等撬动品牌资本杠杆，获得了丰厚的收益。

4. 知名体育用品品牌成功的主要要素

知名体育用品品牌的成长通常依靠优质生产技艺和高级材料为优秀运动员服务，通过赞助赛事走向世界，体育赞助、体育明星代言、技术创新和成熟的市场运作是成功的主要要素。知名职业体育和赛事品牌知识产权清晰，品牌管理体系较完善，便于品牌延伸、特许或品牌授权和品牌资本运作，健身俱乐部品牌主要通过特许经营进行全球化扩张。

三、国内外体育产业品牌建设比较

10-3

第二节 体育产业品牌建设理论分析

体育品牌评价体系是推动我国体育品牌发展的重要抓手。本节对于体育品牌的内涵进行了界定，归纳了品牌概念中的主体与客体。并且在此基础上，从消费者、企业、体育品牌管理这三个角度相结合的视角出发，建构了我国体育品牌评价体系。

一、体育品牌的内涵、识别与价值

（一）体育品牌的内涵

我国有学者将体育品牌的概念界定为能够使某个体育组织的产品或服务与其同类区别开来，并能在有形和无形方面为消费者带来意义的一切标识。它使体育产品或服务区别于其他体育产品或服务，是品质的保证和一系列的承诺，能给消费者带来情感利益。

10-4

（二）体育品牌的识别

品牌标识对塑造有竞争力的体育品牌形象以及获得成功的市场具有重要意义，品牌识别是指品牌所希望创造和保持的、能够引起人们对品牌美好印象的联想物。开发品牌标识对体育品牌非常重要，品牌标识会唤起人们对体育品牌的印象，这些品牌要素包括名称、徽章、相关人物（主要运动员、教练和老板）的个性，相关城市的个性等。体育品牌的名称通常长期不变，但其他因素可能频繁变化，体育品牌对品牌元素的控制能力，远超其对人员、城市或区域形象的控制能力。就体育品牌而言，品牌元素主要包括团队的名称、颜色、制服、吉祥物、仪式、传统、音乐、衍生物。

10-5

（三）体育品牌的价值

体育品牌作为一项无形资产直接为体育组织创造着大量的超额利润，对体育组织有重要的价值，这一点毋庸置疑。认真管理品牌的价值已经成为许多组织品牌战略管理的核心工作，因此，认识体育品牌价值并通过品牌战略管理来提升体育品牌的竞争力，是从根本上提高体育品牌收益、提高体育组织价值的有效途径。体育品牌价值主要体现在商业价值、社会价值和文化价值等方面。

10-6

二、体育产业品牌价值评价体系建议

建构我国体育品牌评价体系，是推动我国体育品牌发展的重要抓手。从充分发挥品牌评价的营销价值、诊断价值和战略指引价值方面，通过系统研究，从顾客（消费者）角度、企业角度和体育品牌管理角度相结合的视角出发，我们建议构建“中国体育产业品牌价值评价体系”。

体育消费者是体育产业的决定性力量，通过直接、间接的体育消费，延展到体育产业的全生态圈。从顾客（消费者）角度、企业角度和体育品牌管理角度相结合的视角出发，综合研究国内外品牌评估体系基础上，建构我国体育产业品牌价值评价体系，进行纵向比较和历时性比较。“中国体育产业品牌价值评价体系”分为总品牌价值体系、赛事品牌价值体系、制造—服务品牌价值体系等系列，具有如下特点。

1. 深度评价细分领域，逐步涵盖体育产业全生态圈

我国体育产业品牌评估以客观指标和主观指标结合的方式，客观指标包括市场价值评估和消费者品牌评价；主观指标包括品牌管理的全流程。体育产业品牌价值指数是对消费者大数据、体育全民大数据以及品牌运营数据，运用云计算技术的客观结果。坚持品牌价值社会化评价和品牌价值资产化评价相结合的研究方式，可以将品牌价值体系分为四大类：体育赛事品牌价值体系，体育管理组织品牌价值体系（含城市、小镇、场馆），体育制造品牌价值体系和体育中介服务品牌价值体系。

由于四大类在概念定义、评估对象、构成要素方面存在差异，基于评估的科学性和可操作性，四大类品牌价值评估在总体原则、数理方法保持一致，在具体评价指标体系、数据来源方面存在大类层面的差异性。

2. 融合科学性与可操作性，培育权威体育品牌发展标杆

品牌评价坚持科学性与可操作性相结合，兼顾财务性、市场性、发展性的品牌特征和体育产业体验性的独特特征，体系由 4 个一级指标、15 个二级指标和 32 个三级指标构成。4 个一级指标分别是：品牌要素与基础、品牌战略与管理、品牌创新与保护、品牌资产与影响力。每个一级指标设立了对应的二、三级指标。每个三级指标或二级指标都对应一个《指标评分标准》，共有对应的 37 个（32+5）《指标评分标准》。

3. 坚持品牌评价推动产业发展，推动体育品牌健康发展

目前国际上体育品牌价值评估主要采用财务指标方法，如福布斯 Fab 40 排

名榜将顶级体育品牌的价值进行了量化，它衡量的是每个品牌的名字能为他的价值和盈利贡献多少。国内体育品牌评估基本上采用财务方法，在指标建构、数据客观性和科学性方面存在重大缺陷。

品牌评价的根本目标是通过科学、系统、持续的评价，对体育产业发展提供强有力的智力支持，推动体育产业不同品牌主体形成全面品牌观，推动体育品牌健康发展。

第三节　体育制造企业品牌建设分析

一、中国体育制造企业品牌发展现状及趋势

随着国内经济的快速发展和生活水平的提高，人们的运动意识得到增强，运动服饰消费水平逐步上升。国际品牌保持比较稳定的增长，安踏体育、李宁、特步国际、英派斯、金陵体育、探路者等六家上市企业经营状况来看，企业总营收呈快速增长趋势，但企业内部经营效益出现分化。随着我国体育用品行业的市场规模不断扩大，众多企业家纷纷涌入市场的潮流当中，竞争越来越激烈。

（一）中国体育制造企业品牌发展现状

体育产业属于朝阳产业，在我国具有广阔的发展前景。从国内形势看，我国“全民健身运动”的推行与大众体育运动的兴起，刺激了国内体育用品需求增长。从体育制造企业数量来看，2020 年我国体育用品行业企业数量达到 1141 家左右。2018 年国家统计局对体育用品产业核算分类进行了调整，采用《体育产业统计分类（2019）》，在新的统计分类口径下，2018 年中国体育用品及相关产品制造总产出为 13201 亿元，根据测算，2019 年中国体育用品及相关产品制造总产出在 14200 亿元左右。

10-7

（二）国内体育制造企业品牌市场现状

我国运动品牌要尽快走出低端市场，迈向高端是大势所趋。国内品牌有必要在产品研发、品牌推广和营运、品牌保护以及渠道建设的管理上加大投入，我们缺少的就是脚踏实地做品牌的精神。

10-8

国内体育品牌若要专业化、纯粹化，就必须对市场有着敏锐触觉。遵循设计与整体风格相一致，清晰的品牌战略和国际化的设计管理等要

求，深层次发掘体育内涵，提炼出新理念，从而开拓出国内体育品牌的新天地。

二、国内运动服装品牌建设的案例

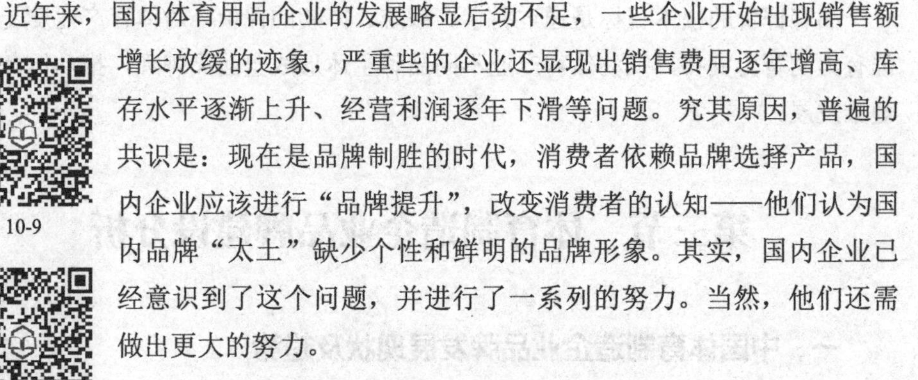

近年来，国内体育用品企业的发展略显后劲不足，一些企业开始出现销售额增长放缓的迹象，严重些的企业还显现出销售费用逐年增高、库存水平逐渐上升、经营利润逐年下滑等问题。究其原因，普遍的共识是：现在是品牌制胜的时代，消费者依赖品牌选择产品，国内企业应该进行“品牌提升”，改变消费者的认知——他们认为国内品牌“太土”缺少个性和鲜明的品牌形象。其实，国内企业已经意识到了这个问题，并进行了一系列的努力。当然，他们还需做出更大的努力。

10-9

10-10

三、运动服饰企业品牌策略分析

第四节　体育场馆品牌建设分析

体育场馆是体育产业发展的重要载体和平台，在职业体育、体育竞赛表演和体育健身休闲业的发展中发挥着十分重要的作用。体育场馆建设容易，但品牌建设不易，运营也面临诸多问题。如何抓住机遇，建设体育场馆品牌，进而提升场馆竞争力，已经成为社会各界关注的议题。国内各地场馆建设的热潮对其品牌建设和运营提出了巨大挑战，但也意味着巨大的市场和前景。

一、中国体育场馆运营现状、成就与存在的主要问题

（一）场馆数量少、人均面积不足，仍有较大增长空间

国家体育总局《2019 年全国体育场地统计调查数据》显示，截至 2019 年 12 月 31 日，全国共有 354.44 万个体育场地，体育场地面积共 29.17 亿平方米，人均场地面积为 2.08 平方米。

（二）体育场馆商业化程度较低，场馆升级改造需求高

从投资主体上看，我国体育场馆以政府投资建设为主，商业化程度较低。其中国有经济成分的场馆占总数的 30.6%，集体经济成分占总数的 25.5%，企业

（私营）占 23.0%，私人占 12.8%，剩余 8.1% 为其他投资。可以看出，我国超过一半的体育场馆都为政府机构所有，而这部分场馆由政府机构下属单位负责运营，实行财政拨款制度，缺乏激励机制使得相关事业单位没有足够的动力去精心运营体育场馆。

（三）服务内容逐步丰富

体育场馆按照以体为主、多元发展的思路，积极拓展服务范围，服务内容不断丰富，从过去单一的场地租赁转向全民健身、文体活动承办、体育培训、体育用品销售等多元业态。部分场馆积极跳出固有概念，融入教育培训、康体休闲、文化演艺、体育旅游等多元业态，丰富服务内容，根据群众需求，提供一站式服务，满足群众日益增长的美好需求，或是走出场馆承接和主办各类文化、体育活动，拓宽服务范围。

（四）市场主体不断涌现

随着体育场馆数量的快速增加，场馆运营管理机构数量亦随之增加。虽然目前，场馆运营管理机构仍以事业单位为主，但越来越多新建场馆尝试企业化运营管理。部分地区场馆已推动场馆运营权改革，将场馆运营权交由企业或社会机构。场馆运营权的改革为社会力量参与场馆运营提供了市场机遇。近年来，场馆专业运营机构不断涌现，部分运营机构已实现连锁经营，形成了较为成熟的商业模式，并成功登陆资本市场。这些专业市场主体在推动场馆运营市场化、企业化改革，提升场馆运营专业化水平，加强场馆内容产业建设，促进场馆品牌输出、管理输出和资本输出等方面起到至关重要的作用。

二、中国体育场馆品牌运营发展前景

（一）体育场馆经营权市场逐步放开

体育场馆经营权尚未放开是制约体育产业发展的重要掣肘。国家已明确提出对行政机关和事业单位所属的体育场馆，通过引入社会资本和现代公司化运营机制等，推广“所有权属于国有，经营权属于公司”的分离改革模式，为下一步深化场馆管理体制改革指明了方向。未来，在“所有权属于国有”大框架下，“经营权属于公司”的企业化改革将成为核心内容，体育场馆经营权将逐步推向市场，扫除社会力量进入障碍，越来越多的社会力量将进入体育场馆运营领域，盘活巨额的国有资产。体育场馆经营权市场的放开也需要大量市场主体承接现有和未来新建体育场馆的经营权，从事体育场馆运营方面的市场主体将大量涌现。

（二）多元参与模式成为新建场馆主流模式选择

多元参与模式已成为政府推进基础设施建设的主要模式，亦成为社会力量投资运营体育场馆的重要路径。国家相关政策鼓励推广和运用政府和社会资本合作等多种模式，吸引社会资本参与体育场馆发展。

（三）体育服务综合体建设步伐加快

体育服务综合体建设是当前体育场馆转型发展的潮流。体育服务综合体改变场馆单一功能，极大地丰富了体育场馆的业态，可满足群众不同的消费需求。体育服务综合体在部分经济较为发达地区已有雏形，比如北京五棵松场馆群、北京工体、南京五台山体育中心等在“以体为主、多元发展”的理念下，转型成为以体育为主体功能，与休闲、娱乐、文化、旅游、购物、住宿等业态高度融合的城市体育服务综合体，取得了较好的社会效益和经济效益。城市体育综合体概念的提出，将促使正在筹建或新建的场馆将城市体育服务综合体的理念融入规划设计和运营方案，并激发部分老旧场馆进行场馆改造的热情。

（四）全民健身场馆成为未来发展重点

全民健身已上升为国家战略，群众健身需求日益增长，而贴近群众的全民健身场地设施却远远不足。未来，全民健身场地将更多地利用城市闲置空间和碎片化空间，中小型化、多功能化成为全民健身场地建设的必然趋势。新建小区中一定比例的健身场地和设施将成为必然并依法得到保障。围绕 15 分钟健身圈建设，街道全民健身中心、社区健身中心也将是场地设施建设的重点，将会有更多的社会力量参与 15 分钟健身圈的建设。移动装配式场馆、气膜场馆等灵活多样、方便快捷、低成本的新型健身场馆应运而生，此类场馆成为现有体育场馆弥补服务功能单一、扩大全民健身空间、丰富服务内容的重要手段，可在短期内大幅增加健身空间，且投资小、建设周期短、投资回报期短、成本回收期较短，深受民间投资者欢迎。同时，受房地产行业转型升级发展的需要，配套社区运动会所成为房地产开发商提升住宅品质和持有物业收益的重要渠道，部分大型房地产开发商与体育场馆运营机构合作，建设、运营社区运动会所。

三、国内体育场馆品牌价值评估体系构建

《中国体育产业品牌价值评价体系》构建体育场馆品牌价值的评价指标，该

指标体系需要完备的数据支持，还在不断地丰富，不断地探索，目前该指标体系是一个阶段性的研究成果。《中国体育产业品牌价值评价体系》中，关于体育场馆品牌价值的评价指标设置如表 10-1。

表 10-1 体育场馆品牌价值评价指标

一级指标	二级指标	三级指标	指标基本定义	指标类别
1 体育场馆基础与配套	1.1 场馆基础	1.1.1 建设规模	建设规模＝体育场馆基础建设关键要素数量比重与座席	客观数据
		1.1.2 基础职能	基础职能＝体育场馆基础职能要素数量或比重	客观数据
		1.1.3 区位特色	区域特色＝体育场馆所在区位的区位关键要素覆盖数量	主客观评价
	1.2 场馆配套	1.2.1 基础配套	基础配套＝体育场馆基础配套关键要素（含安全要素）	主客观数据
		1.2.2 场馆属类	场馆属类＝体育场馆等级、行政管理级别以及举办或承办	主客观数据
		1.2.3 领先配套	领先配套＝体育场馆先进配套设施数量或数量覆盖率	主客观数据
2 体育场馆功能与特色	2.1 场馆功能	2.1.1 功能规模	功能规模＝体育场馆功能数量覆盖比率	客观数据
		2.1.2 功能品类	功能品类＝体育场馆功能种类数量覆盖比重	客观数据
	2.2 场馆特色	2.2.1 建筑特色	建筑特色＝体育场馆建筑特色要素覆盖比重	主客观评价
		2.2.2 投资管理	投资管理＝投资要素齐全程度与投资主体管理主体属性	主客观评价
3 体育场馆运营与影响	3.1 场馆运营	3.1.1 运营模式	运营模式＝体育场馆运营主体和管理、运营特色要素比	主客观评价
		3.1.2 运营价值	运营价值＝近 3 ～ 5 年内体育场馆运营商业价值（冠名）	主客观评价
	3.2 场馆影响	3.2.1 赛事影响	赛事影响＝举办或承办赛事数量、级别及媒体转播平台	主客观数据
		3.2.2 文化活动	文化活动＝体育场馆承办各类文化活动次数及国际级活动比重	客观数据
		3.2.3 品牌传播	品牌传播＝5 年内国家级、地方及大众媒体报道次数	客观数据
		3.2.4 品牌影响	品牌影响＝截至评估年体育场馆获得荣誉数量	客观数据

续表

一级指标	二级指标	三级指标	指标基本定义	指标类别
4 体育场馆创新与发展	4.1 场馆创新	4.1.1 模式创新	模式创新＝体育场馆国际化运营管理要素覆盖规模	主客观评价
		4.1.2 功能创新	功能创新＝体育场馆功能创新要素覆盖规模	主客观评价
	4.2 场馆发展	4.2.1 运营持续	运营持续＝建国后体育场馆持续运营年限	客观数据
		4.2.2 价值贡献	价值贡献＝评估年体育场馆年接待人次数量	客观数据

我国大型体育场馆对于品牌建设重视度不高，运营管理效益普遍偏低，经营现状不容乐观。虽然部分场馆的营业收入基本能弥补日常运营开销，但考虑到巨额场馆维护费用和政府大量财政补贴，体育场馆并没有完全解决自身造血能力不足的问题。同时，我国大型体育场馆业务结构比例不合理，本体经营呈两极化发展态势，场馆利用率普遍偏低，部分场馆处于过渡闲置状态，且场馆开放力度严重不足，开放时间不尽合理。

我国大型体育场馆品牌建设与管理及运营管理效益受社会经济、文化等宏观外部环境，以及市场供求、场馆品牌竞争力、体育产业发展情况等微观外部环境和场馆内部条件的影响。因此，场馆品牌拥有者要想提高体育场馆品牌影响力和运营管理效益必须要灵敏地洞察瞬息万变的内外部环境，明确自身定位，采取与之相适应的运营措施。

第五节　中国体育品牌建设路径和建议

基于我国体育品牌的现状、特征、发展环境和品牌价值现状评价，结合品牌建设理论和国际经验，我们对我国体育品牌建设的基本路径提出如下探索性建议。

一、高度重视品牌战略的顶层设计

品牌战略是组织战略的核心组成部分，体育品牌主体（三类主体）要结合组织总体发展战略、内外资源禀赋、文化传承等因素，加强顶层设计，制订适合本组织的、具有独创性和差异化的品牌战略，并与组织发展战略同步实施、系统推进，促进品牌与生产经营管理业务的协同发展。要将品牌战略作为最高竞争战略，贯穿到组织发展战略实施的各层面、全过程，与生产经营深度融合、协同推进，逐步形成以客户为中心、打造差异化竞争优势的品牌战略导向机制和流程。要加强市场研究，把握用户需求，不断培育对所处产业、品牌发展阶段与市场情况的预判能力，增强对市场与环境的适应性与感知力，提高品牌战略调整的前导性，实时进行战略调整，并制订切实可行的实施计划，加强战略沟通，强化品牌战略的落地实施。

二、要完善品牌核心理念体系

品牌建设的核心工作是建立、完善和持续传播品牌核心理念体系和品牌核心价值。要不断凝练品牌内涵，构建科学的品牌核心理念体系，包括科学进行品牌命名、提炼品牌核心价值、形成独特的品牌个性、不断丰富品牌联想等，形成具有显著差异化的品牌优势。体育品牌主体要通过提炼品牌核心价值、优化品牌口号、统一内部品牌认知、建立外部品牌联想等，拉近品牌与受众的心理距离，有效提升品牌美誉度与忠诚度。要结合内外部需求，提炼新鲜感强、穿透力足、言简意赅的品牌口号，推动品牌理念的具象化和人格化，唤起受众的情感共鸣。在内部运营管理活动中，要将品牌核心价值建设注入设计、制造、营销、服务、传播、社会责任的各个环节，增强品牌认知；在外部运营过程中，要加强市场研究，广泛进行传播，使得品牌理念深入人心。

三、精准或宽泛体育品牌定位

体育品牌主体要基于品牌主体的特性和资源禀赋，在发展的不同阶段确定组织定位和品牌定位，精心提炼核心价值，丰富品牌内涵，树立有别于竞争对手的显著特征。不断从产品、服务、名称、包装、口号、符号、标识等诸多层面定义出打动消费者并区别于竞争对手的品牌联想，持续完善品牌形象识别系统。要建立并不断丰富反映品牌文化的视觉形象标识，完善以理念、文字和符号三大要素构成的品牌识别体系，形成完整的品牌理念体系、鲜明易记的品牌口号和具有独特性的品牌符号。要建立视觉识别系统（VI），设计品牌专用字体、标准色彩、象征图案、标语口号和吉祥物等，凸显体育品牌的中国特质和色彩，提升与国际品牌及消费者的沟通效果。要确立独特的品牌价值观体系，建立品牌理念识别系统（MI），并做好贯彻与落实。品牌主体在理念识别的指导下，应运用多种手段，进行沟通与宣传、教育与培训，使理念识别有效转变为员工自觉的工作与行为方式，建立行为识别系统（BI）。通过完善品牌形象识别系统，强化执行，达到“内化于心、外化于行、固化于制、物化于效”的效果。

四、优化品牌架构和妥善管理品牌延伸

基于品牌定位，确定科学合理的架构模式，要对品牌设置、层级和联动关系持续进行优化。要结合组织战略和业务发展需求，有效整合集团和所属组织层面的品牌资源，优化品牌名称、标识、符号等要素，搭建特色鲜明的品牌架构，处理好集团品牌与产品品牌，主营业务品牌与非主营业务品牌，自主品牌与背书品牌、合作品牌之间的关系，使公司品牌形象更加清晰，充分发挥品牌协同效应。品牌主体要合理规范各品牌层级的品牌关系，通过明确品牌使用权限，科学构建母子品牌体系，正向积累品牌资产。要逐步完善品牌架构，有效融合组织与下属单位的品牌，使品牌互相增值。

五、系统开展品牌评价，以科学评价指导品牌建设

体育品牌主体要逐步建立健全品牌工作评价机制，加强结合品牌主体品牌发展实际，加强研究，设立科学、合理的各项评价指标与权重，加强品牌考核评价，识别薄弱环节，采取适当措施进行改进。建立科学完善的品牌工作考核评估机制，对体育品牌建设工作和成果进行评价。要将品牌评价考核纳入绩效考核，通过考核强化品牌工作，加速推进品牌工作。要采取闭环管理的思路，建立监督评价、考评反馈和整体提升体系。要制订目标明确、权责清晰、考评有据、问责规范的考核办法。将品牌建设相关要求纳入公司绩效考核、行风建设考核、先进单位考核之中，实行舆情信息周通报、日常工作月通报、综合工作季度考核、重点工作定期协调督办等常态化运行机制，确保各项工作有效落实。要强化激励措施，采取有效措施，增强员工参与品牌工作的事业心和荣誉感，提升品牌建设活力。

六、积极强化互联网 + 品牌思维

体育品牌主体要把握和适应互联网数字时代的品牌发展趋势，充分利用网络平台、大数据等新的方式和手段，多维度洞察市场变化，建立健全畅通的市场信息反馈与用户沟通机制，不断满足信息时代用户新的需求；要充分运用云计算、大数据、物联网、移动互联网等信息技术，搭载互联网数字平台，大力发挥组织资源与既有的品牌优势，拓展新的增长空间，创新和复兴老品牌，打造具有价格竞争力和灵活度的新品牌；要大力推进互联网数字建设，积极打造全球领先的移

动、宽带、物联网等一体化精品网络，提供高速、融合、安全的云网络和业务服务，让数据转化成生产力；要借助网络与数字技术，积极发展共享经济，不断丰富品牌内容，形成全新的品牌优势。

七、系统开展品牌传播和品牌体验

品牌主体要围绕品牌核心价值，系统规划与开展品牌传播，尤其是打造新型品牌场景和品牌体验。要坚持统一规划和管理，依托品牌管理机构和重点部门，建立品牌传播沟通协调机制，整合内外部各类传播资源，发挥品牌主体品牌传播整体作战能力。要结合品牌主体实际，制订行之有效的内外部传播与沟通流程，明确传播主题和方向，指导开展品牌传播工作，塑造统一的品牌形象。要紧扣品牌定位和核心价值，重视传播内容，讲好品牌故事，加强包括品牌整合营销传播（广告、公关、公益、活动、自媒体、赞助、融媒体等）的内容规划和创意设计、触达媒体的选择和组合，以实现品牌认知度和美誉度的快速提升。要根据市场变化，及时调整传播策略，做到有效沟通。要整合传播资源、拓展传播渠道，充分利用各种媒体媒介，及时、广泛传播品牌形象，传递品牌价值。

2021

·分报告 11·

中国体育知识产权分析报告[1]

【导读】随着体育产业的进一步发展，体育产业的知识产权化这一议题也逐渐走入公众视野。通过对知识产权的创新性开发可以极大地拓展体育产业链，创造巨大的价值。但是目前关于体育产业知识产权的定义、知识产权如何实现全产业链开发、知识产权衍生哪些具体的体育产业业态等基础性问题仍有待探究。体育产业知识产权化为体育产业的全产业链开发提供了可能，也是我国体育产业发展的必经之路。未来我国体育产业发展应该在充分学习先进经验的基础上，以“创新性”为指导，努力开发符合国民物质需求和情感需要的体育产品。体育产业的业态随着大众运动爱好不断拓展、变化，但开拓创新与立足本土始终是新时代我国体育产业发展的行动指南。

第一节　何谓体育知识产权

近年来随着文化产业的迅速发展，作为文化产业核心的知识产权也逐渐成为人们关注的重点。体育产业是文化产业的重要组成部分，其资产也具有无形性等

[1] 山东社科规划项目“促进互联网文化产业发展对策研究”（18CHLJ05）；中国海洋大学研究生教育质量提升项目“文化企业研究”（HDYK19038）。

特点。体育产业包含的产业类别五花八门，但本质上仍然是以体育项目为核心，以对体育内容直接利用和间接开发为外延的产业集群。产品化让无形的体育活动拥有了产业属性，而对体育产品的产权认同则决定了体育产业的开发与外延。总的来说，当下体育产业的核心知识产权是体育赛事，其他产业门类均是以赛事为出发点不断演变而来。未来想要促进体育产业的良性发展，首先必须要明确何谓体育知识产权，然后才能继续思考知识产权化能为体育产业带来何种潜能。

一、体育知识产权定义

简单来说，体育知识产权是一个组合词语，意指在体育产业中部分产品具有知识产权性质，所有者依法享有以二次授权等方式对其进行开发利用的权利。体育知识产权的核心是具有版权性质的体育产品，从行业现状来看主要表现为体育赛事。与文化产业相比，体育产业内的知识产权化最大的特点就是对“体育赛事”这一核心的开发和再利用。有学者认为，“体育产业甚至可以看成核心赛事 IP 及围绕赛事产生的周边服务和产品的总和，体育赛事 IP 处于全产业链中最为核心的位置。”

11-1

从体育产业的具体划分来看，体育产业的核心内容是多种多样的体育项目，竞技表演体育是体育项目的一种，热门赛事是体育项目的载体之一，是目前体育产业内知识产权运用发展最好的部分。体育产业的核心仍然是体育项目，未来体育知识产权化想要进一步拓展，仍然需要从对具体的体育项目的产业化出发，赋予项目产业化属性。

二、体育知识产权分类

体育无形资产的涵盖范围大致包括两种：一是能通过知识产权特征所反映的；二是不能通过知识产权特征直接反映的。结合知识产权的主要分类，具体来说，通过知识产权特征所反映的体育产业主要表现形式有四种：一是体育版权，二是体育商标，三是体育专利，四是体育相关的商业秘密。

从与产业核心内容的相关程度来看，体育版权与体育内容关系更为紧密，而体育商标、专利则更多体现于体育用品领域，商业秘密则与体育训练方法等密不可分。

从开发现状来看，当前业内更注重体育版权的开发，同时与版权相关的产业也更加多样。商标、专利、商业秘密等由于技术壁垒以及保密性需要，产业延展能力较弱。因此下文中笔者将以体育版权的发展现状及具体业态进行分析，同时对其他三类知识产权进行介绍。

第二节　体育版权概要

版权与商标权、专利权、商业秘密共同构成了知识产权，四者都属于企业无形资产又各有侧重。其中体育版权与产业的核心内容——体育项目关系最为紧密，也最有延展空间。当下体育赛事的版权效应最为明显。本节对于体育版权的概念进行了界定，同时对于体育版权的最主要形式媒体转播权进行介绍，并分析ESPN公司的先进经验，从产业的角度阐释媒体转播权可能创造的巨大价值；然后对于体育与媒体的关系进行分析。无论是体育赛事还是体育产品，想要扩展知名度都需要媒体的宣传。目前也有许多以体育为主要内容的媒体，这些媒体的侧重各有不同，既是体育产业的一部分，也与相关产业相辅相成。体育媒体的发展也能够带动体育产业的良性发展。

此外，体育版权的应用还可以表现为对版权的授权开发。授权开发的产品是体育项目的外延，极大地拓宽了体育产业的边界，也是目前很多知名赛事极力拓展的方向。本节对授权产业进行介绍，并以NBA为例，分析NBA的授权产业发展现状，进而探究体育授权产业可以实现的业态。最后，在对NBA这一热门赛事的授权产业分析的基础上，总结了体育产业发展授权的可行性以及必要条件。

一、何谓体育版权

体育版权与体育项目连接最紧密，且目前在体育版权领域内，知识产权的开发利用效果较好。版权既是知识产权的范畴，又是文化的范畴，以文化产品形态出现的体育产品正处在体育产业全产业链的中心（如大型赛事），是最具商业价值和社会影响力的体育产品类型。其中，大众媒体是这些价值的主要创造者，而维系这条价值生产链良性有效运转的关键就是体育版权。

对体育版权的开发利用，本质上是对版权化的体育产品通过授权的方式进行产业链延展的过程。体育产品能够实现版权化的部分大多集中于体育赛事。例如商业化程度较高的足球领域内，以足球运动为核心衍生出了一系列足球赛事。无论是世界杯、欧洲杯等由国家队参赛的国家级赛事，还是意大利足球甲级联赛、中国足球超级联赛等由各国国内足球俱乐部参与的商业性质联赛，在全球范围内都受万千球迷追捧，有着巨大的商业价值。

体育版权是当下体育营销中讨论的热点。体育版权的核心是媒体转播权，媒体转播与赛事关联度最高。体育赛事版权化之后，意味着可以对赛事抽象化、品牌化之后进行二次授权开发，对于赛事的衍生产品的开发也越来越成为人们关注的重点。转播与衍生产品本质上的区别在于：转播是对赛事的直接开发；衍生产品则是对赛事的间接利用。直接开发能够形成的产业链和产业门类较为局限、竞争较为激烈，衍生产品则拥有更广大的市场，很多门类还是有待开发的蓝海。

二、媒体转播

媒体转播实质上就是运用多种媒体形态对于体育赛事进行传播，随着新媒体的不断普及，曾经集中于电视、广播、报纸的媒体转播也逐渐转型为以互联网为核心的新媒体转播形态，网络实况转播已经成为媒体转播的重要组成部分。

随着人们知识产权意识的增强，媒体转播必然涉及版权问题。近年来媒体转播的形式更加多元，版权价值也水涨船高，多家媒体天价争夺转播权的案例也屡见不鲜。本小节在对于媒体转播概念界定、问题剖析的基础上，引用了多个争夺转播权的案例，分析出转播权的价格日益增长的根源在于人们不断增长的体育赛事消费需求以及热门体育赛事资源稀缺的现状。最后本小节对于国外率先发展媒体转播的 ESPN 进行了分析，探究其成功经营经验。

（一）媒体转播概念界定

版权虽然是体育知识产权中最重要的部分，但是，国内外学者对于体育版权的内涵和外延并没有定论。体育版权，即体育媒体传播权。英国知名的体育版权研究专家 Frank Dunne 将体育版权定义为体育赛事组织者——常称为“版权持有者”，允许第三方机构（通常是转播商）制作赛事视频等记录的权利。

11-2

（二）保护难题

不管国内外学者如何定义体育版权，这里面体育版权的核心部分体育赛事节目转播权的知识产权保护是难点。首先，知识产权保护客体不清晰。体育赛事并不属于《著作权法》中第三条的保护范围。同时，体育赛事也不具备著作权所要求的独创性高度。因此，体育赛事本身不受《著作权法》保护，并无过多争论。其次，由广播电台电视台、网络等媒体对体育比赛过程的现场直播或对现场直播的画面进行转播所

11-3

产生的体育赛事转播权是否受著作权保护，也没有清晰的界定。一般说来，体育赛事转播权属于著作权中的邻接权。著作邻接权主要包括：表演者权、录音录像制作者权、广播组织权。

（三）媒体转播发展现状

如果抛开复杂的法律层面，体育版权在当下的价值已凸显无疑。有人说，当今体育产业，得版权者得天下。

（四）ESPN 案例分析

11-4

11-5

三、版权运营

本小节主要对体育版权的运营模式进行了介绍和分析。通过对体育与媒体关系概念的划分，明晰了媒体相关的体育版权运营的可能性。随着移动互联技术的普及，曾经以电视广播为主流的媒体时代已经成为过去，互联网尤其是移动互联网才是未来版权运营的主要阵地。如何将版权与新媒体的业态进行融合，也是未来体育产业必须思考的问题。

（一）体育产业版权运营概况

11-6

体育版权一直被认为是体育产业中最重要的部分。有学者认为，“由于顶级体育赛事版权的稀缺性，以及网络媒体对于体育转播流量的争夺，使得国内体育赛事版权意识增强，版权费用水涨船高，促使体育大版权时代到来。”

（二）体育媒体关系

11-7

媒体已经充斥着我们的生活，尤其是当它们与体育信息相结合时。报纸、杂志、广播、电视和新媒体是体育传播的最主要途径。媒体和体育组织在经济上的成功是密不可分的。媒体为体育组织提供巨大的经济收入，同时通过媒体的传播赢得体育迷的支持。这些支持，反过来为媒体带来了高额的广告费。这种经济关系通常使两者成为又一家大集团运作的一个大型商业体。

1. 体育平面媒体

媒体传播体育已有 200 多年的历史，一开始体育作为每日新闻和政治事件的补充出现在日报上。现在的多数报纸都有单独的体育版块。虽然，电视的出现和生活方式的变化，导致了报纸读者的增长开始停滞，但平面媒体依然在传播体育信息中起着重要的作用。所有的媒体中，平面媒体因为能提供深度分析和最经常的体育新闻信息吸引了大量的读者。读者会为了比赛的成绩、所喜爱的球队、对手以及联盟而买报纸。

11-8

2. 体育广播和电视媒体

从一定程度上说，电视就是体育的臂膀，电视将体育推进到了一个黄金般的年代。著名传播学家马歇尔·麦克卢汉说，媒介是人体感官和感觉的延伸。从受众角度看，电视消费是感官的使用过程和感觉的满足过程；从传播者角度看，电视营销传播就是要提供能刺激感官和满足感的一切产品。

11-9

3. 体育与互联网新媒体

在电视为主流媒体的时代，人们关注体育赛事的途径以电视、广播、报刊为主。随着互联网的普及，人们获取信息的渠道来源被极大扩展，现如今更依赖于通过移动终端获取信息。体育版权与互联网媒体的融合已经成为常态，网络成为人们了解体育资讯的最大渠道。对于传统的体育赛事而言，曾经赛事的转播权主要在电视台范围内进行售卖，如今大多数互联网视频平台也加入了竞争。

电子竞技作为体育产业的新兴业态，对于新媒体的依赖性非常强。随着人们对于电子竞技误解的逐渐消除，未来电子竞技可以创造的商业价值无可估量。新媒体的出现不仅让传统的赛事转播权竞争更为激烈，同时还可以与新的业态相结合，共同创造用户需求。未来体育版权如何与新媒体融合发展，是一个必须关注的重要议题。

此外，新媒体不仅改变了转播的平台，更是改变了转播的方式。以往的赛事直播依赖于电视媒体的转播，现如今人们可以轻松地在网络上观看直播。传统的赛事报道依赖记者的及时转述，而现如今机器人报道、机器人解说等也在逐渐普及。越来越多的主流媒体也开始尝试网络直播的方式。以互联网为起点的新媒体的出现给传统体育赛事转播注入了新的活力。

11-10

四、衍生产品开发

衍生产品开发的核心是优质的版权，落实在目前的体育领域就是优质的赛事资源。衍生产品开发是对赛事资源的间接利用，也是在其他产业内的扩展性尝试。体育赛事本身具有巨大的价值和知名度，通过授权等形式与其他产业合作，创造出相关产品，不仅可以满足消费者的需求，同时还可以扩大赛事的知名度。本节对体育衍生产品的定义进行界定，同时还以NBA为例，分析体育赛事开发衍生产品的可能性和可行性。

（一）衍生产品概念界定

11-11

体育衍生产品顾名思义，是以体育项目为核心、在版权明确的基础上以二次授权的方式开发出来的相关产品。体育项目、体育赛事等核心产业以及体育用品、体育场馆、体育表演等相关产业，共同构成了体育产业的重要组成部分。在某种程度上，未来体育衍生产品开发的水平将决定体育产业发展的上限。

（二）体育衍生产品发展现状

当下联名服装、体育用品、影视作品、游戏等与体育版权相关的衍生产品已经有所发展。不过无论是体育产业发展较好的欧美国家，还是刚刚起步的我国，对于体育产业的发展着力点仍然在于体育项目的普及和热门赛事的打造，仅有几个热门赛事方有能力注重衍生产业的发展。这一点无可厚非，只有点燃大众对于体育项目的热情，才能为体育的产业化增加受众；只有优秀的体育赛事才能够培养人们的体育热情继而培养体育产业的消费者。衍生产品的开发要求其核心IP有着广泛的受众，只有核心产品有大批愿意为之消费的受众，衍生产品才有实现的可能。由于衍生产业的开发仍处于起步阶段，甚至很多产品的开发都是对其他文化授权产业的模仿，本文将选取NBA作为经典案例，分析其衍生产品如何形成、附加产业链如何实现。

（三）NBA案例分析

11-12

五、小结

从当下体育版权的产值和应用来看，赛事转播仍然是最需要关注和投入的部分。从体育产业发展初期，“如何将体育运动产业化”就是一个必须解决的问题。

虽然体育项目不断丰富，休闲健身、电子竞技等新兴业态不断发展，但是真正能够做到成熟产业化的传统体育项目也只有足球和篮球。热门体育赛事天价转播权的背后是顶级赛事稀缺和公众体育消费习惯尚未养成的现状。

欧美国家高度发达的体育产业给我国体育产业最重要的启示是，通过体育赛事提高公众参与度。美国的体育赛事丰富多彩，无论是棒球、橄榄球、篮球还是冰球都已经具备了广大的受众、完善的商业模式、成熟的商业运作体系等产业要素。当每一个体育项目都可以通过赛事锁定一部分用户群体时，那么对于体育产业的版权化开发利用只需要顺势而为，水到渠成。

体育版权化可以最大限度地延展体育产业的产业链，实现全产业联动。但是授权的前提是拥有一系列知名IP，IP的打造不是一日之功，需要建立在成熟的商业化赛事运作的基础上。因此，我国想要促进体育版权的发展，不仅要学习欧美发达国家的先进经验，更需要推动体育赛事产业化、培养公众的体育消费需求。

第三节　体育知识产权其他范畴

商标权也是知识产权的重要组成部分，主要体现在体育企业层面。从体育领域商标的客体上看主要包括：名称、昵称或简称、标志等，涵盖了文字、图形、颜色三种元素。本节对于体育商标权涵盖的内容进行具体的界定和介绍，同时还分析了目前商标权的发展现状，指出当下我国体育企业发展表面欣欣向荣，产值不断增加，但是本质上仍处于“微笑曲线”的下游，尚未拥有具有全球影响力的知名品牌。

如果说版权和商标更关注无形资产，而体育专利则更依赖于体育用品等实体为载体，表现为体育相关的发明创新。专利的数量在一定程度上代表了该企业在某个领域内的创新能力，客观上也决定了市场竞争力。本节梳理了体育专利这一概念，同时介绍我国的体育专利发展现状。目前我国的体育企业已经有了专利意识，但是由于起步较晚及行业内客观存在的技术壁垒，仍落后于发达国家的知名体育企业。同为知识产权一部分的商业秘密，是体育产业内刚刚兴起的概念，由于其特有的机密性，目前暂未实现对其产业性开发，因此本节仅对其进行概念的界定和介绍。

一、体育商标权

（一）体育商标概念界定

商标作为一种重要的无形资产，对于企业发展起到至关重要的作用。随着体育产业的不断发展，商标权的使用和许可为体育产业带来了巨大的收益。

从体育领域商标的客体上看主要包括：名称、昵称或简称、标志、徽记和旗帜、吉祥物、体育名人的姓名或形象、独特的商业外观，乃至广告语、竞技风格和对体育事件的形象描述等，也就是说，体育领域商标涵盖了文字、图形、颜色组合和三维标志等各种构成元素。从体育领域商标的效用上看，就企业而言，商标成为依附在特定商品之上，用以与其他商品相区别的标识。随着商品在市场的行销，商标将逐步成为消费者对商品美誉和忠诚的载体。一个优秀商标，不仅能为企业带来可观的附加值，而且能彰显企业文化和价值取向的内在逻辑，产生与其消费者身心契合的血脉联系。企业可能随着市场竞争而沉浮，而优秀商标却可超脱于创设它的企业主体而存在。

（二）体育商标发展现状

11-13

全球最受欢迎的体育品牌仍然以欧美国家的传统优势品牌为主，根据“微笑曲线”理论，我国体育用品业仍然处在“微笑曲线”的最低端，而以高附加值的商标价值为代表的无形资产才是企业的重要核心资产。

二、体育专利权

（一）体育专利概念界定

11-14

专利，尤其是发明专利作为衡量创新活动质量和活跃度的重要指标，是解读一个国家、一个区域科技创新和经济发展的重要视角。从历届奥运会上看，发达国家展示出的众多具有核心专利的体育设备、器材、服装从一个侧面反映了国家体育科技实力。

（二）体育专利发展现状

从体育科技研发实力看，我国体育用品制造商与世界体育用品业巨头还有不小的差距。

11-15

（三）特点分析

三、商业秘密

（一）商业秘密概念界定

商业秘密因其具有的非物质性等特点，也属于知识产权的范畴。在体育产业领域，体育商业秘密大多表现为体育训练方法。体育训练方法本质上是一种知识产品，对于提高运动员的竞技水平、提升体育赛事中的竞争力有着积极的作用。此外体育训练方法具有一定的秘密性，需要尽量避免被广泛传播，尤其是要避免被竞争对手所掌握。因此，体育训练方法作为一种特殊的商业秘密，必须要法律层面对其进行知识产权相关的保护。

（二）保护方式

11-16

近年来体育方面的新技术、新材料、新设备、新训练方式的发展，有助于提高竞技体育成绩。技术、材料等大部分已经以专利的形式得到了知识产权的保护。竞技体育的辉煌成绩离不开科技的进步，同时更离不开运动员和教练员的拼搏，也与科学先进的训练方法密不可分。这些训练方法属于商业秘密范畴，并不能以专利的形式得到保护。体育训练方法属于技术秘密的重要组成部分，一旦被泄露且广而传播，其价值将会大幅度降低。因此对体育训练方法的保护需要考虑到提前预防和事后追责两个层面。

第四节 问题、建议及展望

本节对我国体育知识产权发展的现状进行了总结，在对目前发展存在的问题分析的基础上，提出了针对性的建议。本节的最后对中国体育知识产权的未来发展提出了展望。

一、我国体育知识产权发展总结

基于法律法规不够完善的背景下，知识产权这种无形资产，无论是在整个文化产业还是具体的体育产业内，国内外都存在着产权难以确认的问题。除此之外，由于体育产业起步晚，我国体育产业内存在明显的体育内容产业化不足、体育知识产权发展不足、过分模仿发达国家体育产业模式等明显问题。

（一）体育产业化不足

体育项目的种类多种多样，目前已经被产业化的类别却少之又少。首先需要承认不同项目的产业化难度不同且产业化基础也不同。但是如果只是在已经被产业化的门类中发展，企业的生存空间将越来越狭窄。例如篮球的产业化程度非常高，篮球市场已经被NBA等顶级赛事抢占，与NBA争夺消费者的难度非常大。相比之下，挖掘其他运动的产业化属性，拓展体育的产业化才是破冰之路。

虽然体育一直以来都是人们生活中的一部分，但是无论是企业还是政府对于体育的“产业化”概念都处于逐渐建立阶段。尤其是政府，更强调体育的事业属性而不是产业属性。同时大众对于体育的消费处于尚未激活的阶段，人们了解体育健身的重要性，但是可以选择的体育产品是有限的。在此基础上，我国体育产业仍处于发展初期。业内的企业有意识地开始模仿发达国家的体育产业发展模式，不过尚未找寻到适应我国本土的发展路径。我国社会已经进入了新时代，人们对于精神文化产品的需求日益凸显。随着人口老龄化、身体亚健康、生活压力大等问题越来越突出，体育在人们生活中的地位也在提升。此时是我国体育产业发展的黄金时期，应该进一步推进体育运动的产业化，为大众提供更加多元便捷的体育产品以满足需求。

（二）体育产权发展水平低

当前我国已经意识到体育知识产权的重要性，体育企业开始有意识地对产品的商标和专利进行保护。CBA和中超等国内知名赛事也有意识地学习国外先进经验，努力进行品牌化、知识产权化的尝试。但是由于体育产业起步晚、产业化门类少，所以我国体育产业的产权化发展仍较为落后。同时在同样的运动门类中，我国体育赛事的知名度低、竞技水平和观赏程度也较低，因此竞争力也较低。

体育知识产权从根本上来说是体育产品的知识产权化，体育产品化的程度奠定了其知识产权发展的基础，只有创造出优质体育产品，才可能在对产品知识产权承认的基础上对其进行二次授权开发。我国体育产权发展不足的根源在于缺乏优质的体育产品，现阶段表现为缺乏热门赛事。体育产权发展处于起步阶段，当务之急是打造优质的体育产品，然后在核心内容的基础上进行衍生开发。同时还需要注重发展创新型体育企业和体育产品，在体育用品领域不仅关注制造，更关注“质造”和“创造”，努力促进我国体育产业发展提质增效。

（三）过分模仿发达国家体育产业发展模式

我国体育产业相较于发达国家起步较晚，发展初期，我国的体育企业可以模仿国外先进企业，产品开发也可以按照西方的模式因地制宜。然而一味追随着西方国家的发展模式也意味着我国的体育企业缺乏创新的动力和勇气，无法深入挖掘用户潜在需求，自然也就无法推动整个产业的前进。人们对于体育产品的需求是在产品创造之后才被激发出来的。体育赛事最精彩的竞技性、对抗性与表演性完美融合呈现给了观众。每一个顶级赛事最基本的就是要保障赛事的高水平和精彩程度。国内也在积极打造体育赛事，模仿国外的俱乐部模式，但是由于赛事水平的局限，无法赢得消费者的青睐和口碑。

模仿是产业起步的必然方法，但是发展模式只是产业成功的因素之一，看到西方国家体育产业发达的同时，还应该注意到西方国家拥有的不仅是优质的体育赛事产品、完整的商业模式，更有普遍的用户需求和悠久的体育消费传统。而对于用户需求的挖掘和消费心理的探究是开发产品之前必须深入探究的关键因素。

二、体育知识产权发展建议

（一）挖掘用户需求

随着国民休闲娱乐需求的不断增加，人们意识到体育锻炼的重要性，也就有了对体育用品的需求。越来越多的体育用品企业可以满足大众的物质消费需求。

随着人们物质生活水平的上升，对于体育锻炼、休闲健身的需求逐渐凸显，因此企业要尽可能地满足人们的体育需求。同时也应该注意体育产业本身是休闲产业的一种，与体育相关的休闲不仅仅是直接参与到体育活动中。大众对于体育的需求还可以是观看赛事、体育旅游等多方面的。用户需求就像是埋在蔚蓝海面下巨大的冰山，企业要做的不仅仅是满足已经呈现的需求，更重要的是创新自己的产品，用优质的体育产品创造出新的用户需求。

（二）发展成熟的体育企业

我国体育企业集中在体育用品行业，且多以制造业为主。体育用品制造业内存在专业壁垒，大多数我国体育用品企业只停留在简单的生产层面，尚未有经济实力去实现用品的开发和创新。事实上体育企业有多种职能，例如专门进行职业培训的企业、体育场馆建设的企业、体育赛事报道的企业等，体育用品制造只是相关企业中的一种，是专属于制造业的一环。

体育企业分布过于集中且发展不成熟带来的是体育产业的畸形发展，体育项目产业化的上游产业链尚未打通，体育知识产权化可能实现的外延产业也尚在萌芽，市场前景非常广阔。如果不能够抓住机遇尽快抢占体育市场，未来用户的需求将会被其他国家的体育产品填满，那么本就处于竞争下游的我国体育企业将会更难在国际竞争中取得优势。因此，未来的体育企业应该思考自己的转型之路，通过“创造”的方式把握住产业链的上游，才是正确的竞争之路。

（三）明确体育产权意识

体育知识产权包括版权、商标权和专利权。商标权和专利权在制造业中体现得非常明显。我国的体育企业大多数处于“微笑曲线”的最低端。一方面我国的大部分体育企业专注于制造用品，满足低端需求；另一方面体育用品的创新存在较高的技术壁垒，大部分小企业短期内无法实现创新，这也就形成了“企业无力创新”→“制造利润微薄”→“无力支持创新”的恶性循环。对于大型赛事，我国企业愿意花费大量资金购买“转播权”“举办权”，愿意积极组织、开发新赛事的企业却很少。打造体育产品，尤其是重大赛事需要大量且长期的投入，对于企业来说风险极高，投资已经成熟的产品风险低，回报快。我国体育产业有着巨大的市场前景，想要有高回报，企业就不能畏惧高风险。在市场仍有大片空白的时期，谁能牢牢把握住产业链上游，也就是体育产权，谁就能在未来的市场竞争中更具有话语权。

体育知识产权化，首先要做到的是培养产权意识。当企业在一些领域内有了发明创造需要尽快申请专利，依法保护自己的合法权益。其次就是要努力打造具有知识产权属性的产品，无论是打造一个风靡全国的比赛，还是创造出一双舒适好穿的球鞋，只要能够凝聚创造价值，都具有知识产权属性，都在促进体育产业的良性发展。

（四）打造具有商业价值的品牌赛事

未来 5 ～ 10 年是我国体育产业发展的关键时期。在上文的分析中不难发现，体育知识产权化的本质就是对体育项目的直接和间接开发。无论是过去还是未来很长一段时间，体育赛事将会是体育知识产权的重要载体。热门体育赛事能够将传统的竞技体育运动以商业化、轻松化、竞技化的形式呈现给更多的观众。在某种意义上，一项体育运动的普及程度和与它相关的赛事的普及范围密不可分。

体育赛事品牌化的根源就在于，首先要将传统的运动变成商业化的体育产品，只有这样才能够推动体育产业的进一步发展；其次要将一个体育赛事打造成品牌意味着它具有可以二次授权开发的价值。中超和CBA等本土赛事也拥有了大批受众并且能够实现成熟的商业运作，这也恰恰证明了为一项体育项目打造成熟的商业运作模式的重要性。在用户需求尚未被完全挖掘的当下，只要能够呈现出精彩的体育赛事、吸引公众注意，培养消费需求并非难事。顶级赛事天价转播权的背后是品牌赛事的稀缺和人们巨大的消费需求。如果不能顺应消费需求打造更多的品牌赛事，而只是一味地对已经成名的赛事进行争抢的话，那么转播权的价格只能水涨船高，用户的需求却始终没有得到满足。

此外，还需要参考大众的身体素质和运动偏好。例如乒乓球在世界范围内属于小众运动，但是在国内却有千万爱好者。因为乒乓球更偏向于技巧，对于体质的要求远不及篮球、足球，适合国人的体质。再加之国家乒乓球队在世界赛事中的统治力，增强了公众的自豪感，人们更乐意去参与乒乓球运动。因此，想要打造本土赛事，必须要考虑到国民体质、运动难度、场地需要等诸多因素，而不能盲目跟风。

（五）畅通新媒体版权运营渠道

相较于体育产业率先发展的西方国家，我国体育产业的版权运营起步较晚，且目前的运营方式主要集中于购买已有一定知名度的赛事版权。抖音、快手等短视频平台的入局昭示着体育版权运营发展的新格局与新方向。

体育版权运营的最终目的是让更广大群体了解体育、爱好体育并且参与体育。截止到2020年底，快手体育优质创作者近5万，体育粉丝受众超过1.5亿。东京奥运会我国代表团的运动员回国隔离期间也借助短视频平台发布“隔离日记”，带动大批网友参与讨论并且投入运动健身之中。未来体育版权运营必须畅通新媒体渠道，通过采用大众喜闻乐见的传播方式传播体育资讯，借助下沉平台触及更庞大的用户群体、加速体育IP的开发与打造，并且借助短视频等新媒体所具有的高度互动特性，激发大众参与体育活动的热情。

三、对于我国体育知识产权发展的展望

通过对体育知识产权的概念梳理、案例分析和国内外发展现状的对比，不难发现，我国体育知识产权发展相较落后的根源是，体育产业化不足和发展水平低。换言之，我国体育产业的体量和产值在不断扩大，仍然面临着发展水平低、质量

低等问题。这些也是文化产业甚至是我国大部分产业共同的难题。体育知识产权是体育产业的外延，是体育发展全产业链的凭证，生长于优质的体育产品。对于知识产权的开发利用的创新性利用也不过是优质体育产品占有市场之后的顺势而为。

当前我国体育产业发展水平低，在认清差距的基础上，不应该妄自菲薄，反而应该通过对先进经验的学习，不断地用国内这片尚未开发的巨大市场积极实践。随着大众对于体育产品需求的日益凸显、大量资本的不断涌入，现在是我国体育产业发展的黄金时期。与发达的体育产业之间的差距可能会长期存在，但是客观上也为我国体育产业的发展提供了方向。

我国体育产业的发展需要在学习先进的产业思路和商业模式的基础上，以此为工具，深入挖掘用户需求，然后秉承“创新为本”的态度创造性地打造符合大众消费心理的本土化体育产品。立足本土，创新发展，打造符合大众生活需求的体育业态与体育产品，是体育产业知识产权发展的必经之路。

·分报告12·

中国体育产业商业模式及典型案例分析报告

【导读】我国体育产业是跨行业的融合，整个产业的参与者众多，各细分行业的市场化成熟度不尽相同。产业链核心环节包括赛事运营、场馆运营和体育营销等，现阶段政府对此三个环节都掌握较强的控制权，政府依然是我国体育产业的主导者。体育产业链各环节市场化和商业化程度尚不同步，顶级联赛和赛事群尚处于初步发展阶段，但具有良好的发展空间。下游体育衍生产业以体育用品为主，市场竞争充分，商业化程度最高。产业链中游媒体传播与上游赛事内容受制于政府资源垄断，商业化进程起步较晚，价值发掘尚不充分，商业化参与的程度普遍偏低。现阶段的我国体育产业成熟度还不够，作为产业核心的赛事价值与收入构成均与国际顶级赛事差异较大。未来我国体育商业模式朝专业多元化、生态体系化、产业融合化方向发展。

第一节　体育产业商业模式概述

体育产业可分为核心层、外围层和相关产业层，分别对应着产业链的上游赛事资源、中游媒体传播、下游体育衍生产业。作为稀缺资源的上游赛事包括职业联赛、国际重大体育赛事、大众体育赛事等；中游主要由传播媒体、场馆运营和运动员服务构成；下游衍生产业包括体育用品、体育彩票、健身培训等。而各环节主要变现方式包括：企业赞助、联赛分红、门票收入、转播费收入、付费用户订阅赛事内容、商品及彩票。我国体育产业链结构与商业模式图（图12-1）总括了我国体育产业的产业链结构全貌和商业模式。

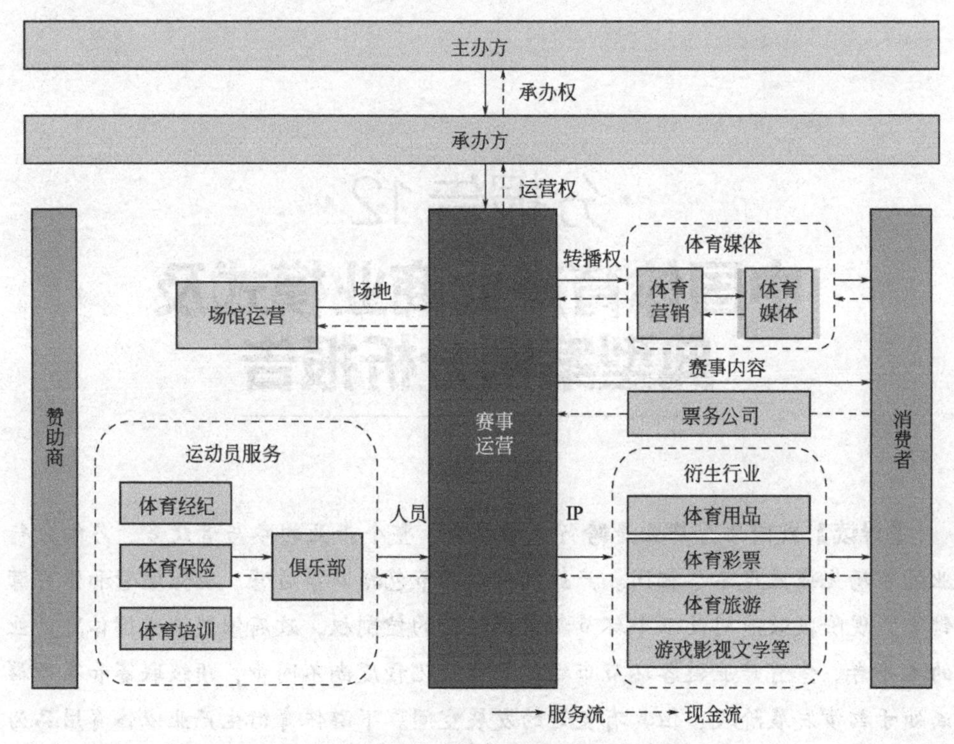

图 12-1　我国体育产业链结构与商业模式

体育产业产生与发展的根源是人们参与体育运动项目所产生的需求。无论是体育产品还是体育服务，都是体育产业内重要的关联要素，而各要素之间的关联关系就形成了体育产业链，无限延伸的关联关系也叫全产业链。产业链运营可以确保主体产业所形成的价值，能够在产业链上下游进行传递或变现，为体育产业运营提供更多的商业模式。

国家体育总局和国家统计局联合发布的体育产业统计分类中包含的要素，除了有利于政府统计体育经济发展之外，对于指导体育产业企业发展的意义并不突出。因此，本报告从企业的角度出发，根据体育产业链的上下游关系，对体育产业核心要素作有机地分析和整合，有利于帮助企业找准定位、整合商业模式。我们根据体育产业关联的核心要素进行宏观的分析，有利于企业系统性地了解体育产业的全貌和产业链内在的关系。体育产业链中与体育内容有着直接关系的要素包括体育协会、体育赛事、体育俱乐部、体育运动学校、体育培训与游学、体育明星、体育运动装备、体育中介经纪、体育场馆建设运营、体育票务、体育保险、体育纪念品、体育赛事版权、体育彩票、体育会展、体育健身、体育健康管理、体育赞助等；这些体育产业核心环节既可以独立构成细分产业，也可以形成产业上下游关系，构建出更多商业模式。

党的十九大提出“美好生活”主要集中在生活方式上，体育、文化、旅游、健康、养老、教育培训六大幸福产业内容是需求的重点，也是未来产业发展的方向。六大幸福产业关乎老百姓幸福生活，从产业的发展趋势来说，以往的产业独立发展的模式将遇到极大的困难，体育在其中可以发挥产业融合的作用。

从价值观的导向去看，体育产业是利国利民的产业。从商业模式而言，体育产业首先可以与网络游戏产业、医疗产业等跨界合作，体育通过授权的方式可以实现与其他关联产业的融合。未来的消费空间在于体育休闲消费，从我们文化物质消费到现在的文化精神消费。体育作为人们主要的生活和休闲方式，将贯穿和融合到人们生活中的各个场景，使得体育跨界到相关产业形成新的产业价值，成为体育产业发展的新趋势。我国体育产业商业模式的发展中产业链结构尚不成熟，赛事价值提升引领产业繁荣、赛事资源逐步释放；赛事头部 IP 成关键资源，媒体传播孕育全新商业模式；体育产业衍生环节重视内容创新；大众体育领域迎来市场爆发；规模化、专业化、复合化融合是未来发展的方向；体育技术创新和体育生态体系建设推动商业模式创新。

（一）产业链结构尚不成熟

总体而言，我国体育产业链经历了快速发展，产业要素逐步丰富，但体育产业链结构亟待优化，上游联赛资源将带动全产业链繁荣，上游及中游占比持续提升。从产业结构来说，体育用品、服装鞋帽制造和销售的占比近 80%，而包含赛事运营、体育媒体、健身休闲、场馆服务等在内的体育服务业的占比则长期处于相对低迷的状态。体育服务业作为第三产业具有高附加值、高利润率的特点。欧洲和美国的体育产业结构体育服务业占比约 70%，国内以体育用品行业等衍生产业为主的结构将难以支撑体育产业的持续高速发展。而上游赛事与中游媒体将成为体育产业新的经济增长点，尤其是新媒体比如短视频的快速发展，推动了体育媒体服务和生态的成长。

（二）赛事价值提升引领产业繁荣，赛事资源逐步释放

为解决制约体育产业化发展的机制问题，国家开始尝试推行“管办分离”，将行政机构的管理职能与运动协会和办赛主体的运营功能分开，明晰各自的权责和资产，使社会资本也可以通过合理的形式组建运营体系。足球的“管办分离”方案为国有资源的产业化进程提供了思路，“管办分离”能够有效理顺体育产业化过程中各主体的性质和关系，为社会力量参与赛事运营和上游资源培育铺平道路。“管办分离”是一个逐步释放上游资源的过程，有望形成由品种丰富的头部赛事品牌组成的业态，商业化运营主体承担赛事运营的案例将会越来越多，公共资源调度能力、自身资源建设能力强的运营主体将会获得更好发展。体育营销的价值与赛事水平呈现正比关系，整个赛事水平和质量的提高将有效提升赛事的影响力，进而带动赛事在转播权、广告赞助、周边等一系列商业价值的大幅提升。

（三）赛事头部IP成关键资源，媒体变革助推全新商业模式

赛事资源位居产业链的核心，媒体传播成为产业繁荣的催化剂，衍生产业扮演变现出口角色。2014年《关于加快发展体育产业促进体育消费的若干意见》（46号文）发布，“按市场原则确立体育赛事转播收益分配机制，促进多方参与主体共同发展。放宽赛事转播权限制，除奥运会、亚运会、世界杯足球赛外的其他国内外各类体育赛事，各电视台可直接购买或转让”，赛事转播权市场化放开。传统优质体育IP是核心资源，争夺趋向白热化，体育赛事正成为重要的流量入口和消费场景，赛事IP的价值快速膨胀，中超80亿元的版权协议将成为我国体育赛事IP价值进入陡峭上升通道的一个标志性事件，媒体围绕现有赛事头部IP的争夺会成为行业发展主线。

体育直播、传播和转播是大市场，无论职业联赛还是大众赛事，各个细分领域都有充分成长空间，尤其是在全民健身大背景下，体育与基层社会治理能力提升、乡村振兴等国家战略合作，将会涌现丰富多彩的体育传播内容。目前体育产业链中转播媒体主要分为以电视为代表的传统媒体和以互联网为媒介的新兴媒体。主要媒体具体包括掌握极强赛事资源的中央广播电视总台，具有地域优势的地方性广播电视台覆盖面广、互动性强的互联网新媒体。中游媒体的主要收入来源是广告收入，近年来互联网媒体付费模式兴起，付费用户的预订费用正逐渐成为新的收入来源。新媒体有望凭借先发优势和流量资源实现全内容营销，打造覆盖全产业链的全新商业模式。

（四）体育产业衍生环节重视内容创新

体育商业模式中内容的不断创新是未来制胜的王道。内容创新主要可以分为三个方面：其一，内容再利用。如有关赛事的各档节目，或是有赛事授权的游戏等；其二，内容再融合；其三，内容跨界创新。“体育＋娱乐”“体育＋生活”“体育＋文旅”等方式将带来更多市场机遇。比如，腾讯在获得美国职业篮球联盟（NBA）独家网络转播权后，将NBA版权充分利用，顺利拿下NBA Online游戏的代理版权，进一步提升NBA在国内市场的价值开发利用。体育与娱乐有着天然的联系，甚至可以说观赏性体育就是娱乐的一个子集。因此，体育娱乐化是一个大方向，体育类综艺节目、体育社交、体育与音乐的跨界场景，都是沿着这个方向的重要尝试。

（五）大众体育领域迎来市场爆发

全民健身上升为国家战略，大众体育迎来市场需求的爆发。最为典型的是体育培训市场，尤其是青少年体育培训领域。体育培训市场目前处于起步阶段，未来发展空间大。随着80后、90后人群步入结婚生子阶段，青少年体育培训逐渐受青睐，养育孩子的理念也从以前的“养大”转向了“培育”，更加注重青少年的德智体美劳全面发展，整个儿童产业链的重心正在从前期的以饮食和服装为主转向如今的以文体娱乐和教育为重。

（六）规模化、专业化、生态融合是未来发展的方向

以百度、阿里、腾讯为代表的互联网公司，目前均在上游资源布局，意在背后的大体量受众、流量与入口；版权费用或将继续攀升。在赛事和内容的开发上，多以自身优势产品、资源和业务整合作战，相互补充；丰富自身的用户及业务服务，巩固体育受众的流量，做大自身生态。例如，百度的营销，阿里的电商和营销，腾讯的视频与游戏，万达的线下资源。大集团逐渐从版权扩张至全生态链；门户和视频媒体则以版权为主，PPTV（西甲联赛版权）、爱奇艺（WTA合作）目前仍以广告与营销为主要盈利方式，未来付费会员是目标方向之一。长远来看，主要通过扩大影响力和扩充生态获得盈利。

体育竞技表演业的快速发展将带动上游体育资源进行产品化，通过中介机构专业化的营销、包装和市场化的运营，挖掘明星运动员、提升赛事的上座率和关注度，提升体育赛事的价值，带动包括赛事转播、场馆运营、健身娱乐、中介、培训、媒体等行业的发展，进而促进整个产业的繁荣。

（七）体育产业技术创新推动商业模式创新

传统体育产业纷纷拥抱互联网公司、新技术公司，体育和互联网、大数据、智能设备等新兴技术的结合更加紧密。比如361°与百度合作，探讨作为传统企业如何借助百度技术转型、大数据研究管理、渠道资源共享、数字产品创新研发等领域的问题；贵人鸟体育、虎扑体育等发起成立动域资本，以“体育＋互联网＋科技”为投资策略；李宁与小米手环母公司华米科技展开合作发布“李宁智能跑鞋”，这也代表李宁正式进入智能硬件领域。竞技体育与智能设备结合，利用大数据分析指导赛事运营、球员训练等，华为等科技公司深入嵌入智慧体育中，进一步推动了体育商业模式的创新和跨界。

第二节　体育产业商业模式创新——体育赛事经典案例分析

赛事是体育产业的核心，完整体育赛事盈利途径主要包括商业赞助权、转播权、门票销售权、衍生品开发权等，体育赛事的商业模式即是IP开发运营商业模式，详情如图12-2。掌握体育赛事IP成为体育产业链的竞争制高点。

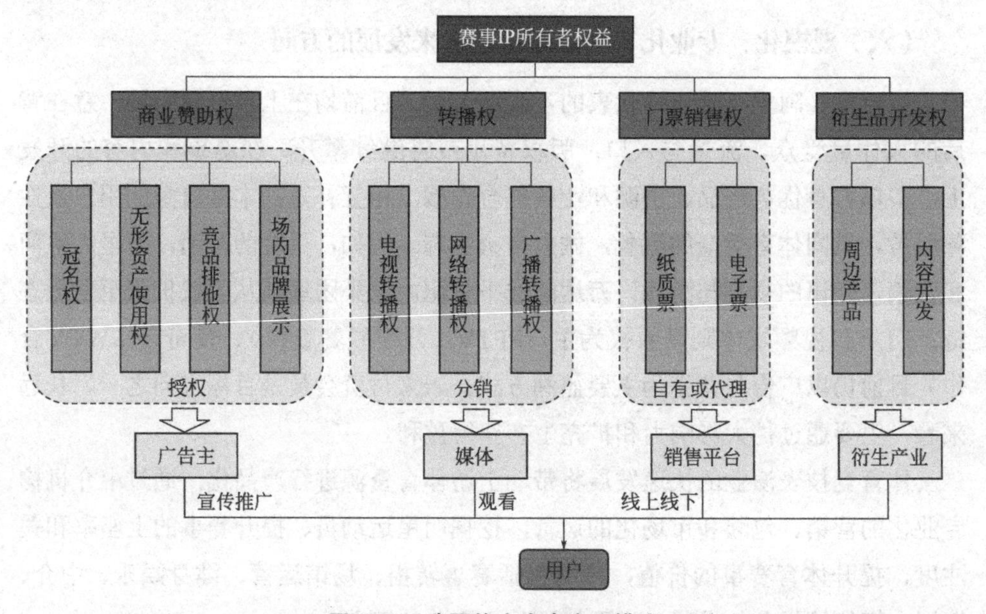

图12-2　我国体育赛事商业模式

一、莱茵体育

莱茵体育（SZ000558）是深圳中小板上市公司，近年来积极向体育产业转型，目前拥有体育、房地产、能源贸易三块业务，在房地产和能源贸易盈利性业务的支持下，大力发展体育业务。莱茵体育确定了长期发展的“416”战略和“空间+内容”为核心的商业模式，即遵循体育市场化、国际化、多元化的方针，以“空间+内容”的商业模式为核心，构筑起一个具备上游IP资源、中游予以服务体系、下游多渠道变现通道的莱茵体育生态圈，在全球范围内布局体育赛事、体育空间、体育金融、体育教育、体育传媒、体育网络六大平台，实现公司体育产业的长期可持续健康发展。

当前，莱茵体育公司聚焦“空间+内容”的商业模式，即物理空间+体育IP。物理空间即体育设施的建造运营，即是体育小镇、城市体育综合体及体育场馆。体育IP即以体育赛事为核心的各类体育运动、体育教育培训、体育娱乐、体育消费等内容的运营。体育空间方面公司重点布局体育小镇和城市体育综合体项目。主要通过体育场馆经营管理、赛事管理及运营，以及体育空间建设运营模式获得营收及利润。近年来，公司分别签署了桐庐国际足球小镇、萧山“律动浦阳”小镇、成都葛仙山运动休闲小镇、义乌体育休闲小镇等特色小镇；通过委托经营及拿地自建方式获得重庆盘龙体育生活广场、嘉兴秀湖全民健身中心、莱茵未来科技城体育生活馆、丽水莱茵体育综合体、南京莱茵之星体育综合体等项目，体育空间布局取得了较好的进展。

体育内容方面以足球、篮球、冰雪为重点布局类目，围绕赛事运营、举办活动、体育培训等体育服务业务开展经营，目前公司在聚焦于运营已有赛事IP的同时积极获取优质IP，目前拥有及运营的核心IP主要包括：重庆女足、斯坦科维奇杯洲际篮球赛、亚洲职业篮球联赛、全国家庭健身挑战赛以及浙江女子冰球队、浙江女子冰壶队等。全资子公司香港莱茵达收购亚洲职业篮球管理发展有限公司55%股权，实现控股。亚洲职业篮球公司长期从事斯坦科维奇洲际篮球冠军杯、亚洲职业篮球联赛等国际和国内篮球赛事的运营推广工作，拥有丰富的国际篮球赛事资源，积累了大量的赛事运营经验。

二、力盛赛车

上海力盛赛车文化股份有限公司（力盛赛车，SZ002858）是我国领先的汽车运动运营商，是一家以赛事运营为核心、赛车场/馆和赛车队为载体，汽车活动推广业务为延伸，以赛车培训、少儿培训、改装服务、计时服务、赛车装备、汽车运动展会等为补充，为客户提供汽车运动全产业链服务的体育服务企业。

公司拥有丰富的多层级的汽车赛事运营经验，既有国际级赛事也有国家级赛事，还有自创的面向赛车发烧友和普通爱好者的单一品牌赛事和民间赛事，主要推广赛事如下：国际汽联房车世界杯中国站、中国房车锦标赛、华夏赛车大奖赛、中国卡丁车锦标赛暨中国青少年卡丁车锦标赛、TCR China、TMC 房车大师挑战赛、超级耐力锦标赛、天马论驾、广东冠军车赛、力盛超级赛道节等。公司拥有上汽大众 333 车队，是国内领先的场地赛赛车队，并配备一流的赛车手、专业赛车、赛车改装机构及专家，在国内外场地赛事和拉力赛事中表现优异。

公司经营管理多层级的赛车场 / 馆，其中既有符合 FIA 国际标准的专业赛车场，也有同时兼顾试乘试驾和爱好者参与赛车运动需求的赛车体验中心和驾驶体验中心，也有符合 FIA-CIK 国际标准的专业卡丁车场，更有面向大众的娱乐卡丁车馆，具体情况如下：上海天马赛车场、广东国际赛车场、汽摩中心培训基地、力盛（武汉）赛车体验中心、宝马驾驶体验中心、路虎湖州体验中心、株洲国际卡丁车场、赛卡联盟松江店。

在汽车推广活动方面，公司依托赛车场和赛事，为国内主要汽车厂商提供品牌推广服务，建立了良好的合作关系。作为品牌推广业务的延伸，发行人为汽车厂商提供新车发布、试乘试驾、巡展巡演等活动推广业务。

赛事是汽车运动的核心，各个层级的赛事一方面可以满足不同层级 C 端客户的参赛需求和观赛需求等，另一方面可以满足汽车、相关产品的制造商和服务商以及商家、媒体推广产品，打造品牌，扩大市场影响力等的需求。赛车队是赛事最重要的参与者，是汽车运动的引领者。赛车场 / 馆是汽车运动的载体，不同等级的场馆布局首先可以满足不同层级的 C 端客户更加便利地参与汽车运动的需求，其次可以满足汽车、相关产品和服务商以及商家进行产品测试、产品推广及销售、活动组织、服务提供等的需求，再者可以满足各类各级赛事组织者对安全规范的场地需求和服务需求。汽车活动推广可以满足作为运动器材的汽车和相关用品的制造商、销售商和服务商针对销售终端开展产品测试、试乘试驾、巡展巡演等的需求。同时围绕 C 端客户参与汽车运动又可以衍生出对活动形式、用品销售、装备销售等新的需求。公司正是以汽车运动全产业链的布局方式，充分发挥各个业务板块和环节的协同效应和边际效应，有效提升了服务的广度、深度和品质，实现了各业务板块间的良性循环和同步发展，在满足各类客户各种需求的同时，实现自身的价值。

第三节　体育产业商业模式创新——体育场馆经典案例分析

我国体育场馆众多，但市场化运营较为成功的代表性企业并不多。单体场馆经营、多场馆连锁经营、体育产业链全面经营是我国体育场馆运营的典型模式。五棵松体育馆是我国体育场馆的标杆，其商业模式和特点也值得众多我国体育场馆经营者学习，其商业经营主体华熙国际也从单体场馆经营走向连锁经营模式；佳兆业体育场馆的经营还涉及建设等环节的商业模式创新；体育之窗是我国最为专业的体育场馆经营企业，以场馆经营为核心主业，逐渐拓展延伸体育产业链。

从商业模式来说，吸引流量 + 流量变现是场馆经营业务商业模式的核心逻辑，是类商业（地产）模式，单体场馆发展的终极目标是做城市商圈，用体育、吃、喝、玩、乐、游、购等多种途径变现流量，而冠名、赞助是基础的流量变现手段。

一、五棵松体育馆

五棵松体育馆（现名为凯迪拉克中心），位于五棵松体育文化中心，毗邻长安街。是 2008 年北京奥运会比赛场所，占地面积 31.4 万平方米，建筑面积 6.3 万平方米，分为地下三层和地上四层，可容纳观众约 18000 人。该场馆是世界级的多功能场馆，能承办不同类别的活动，包括大型国内外演唱会、各类体育赛事、企业推广活动、会议及展览等，可满足各类大型或小型活动的舞美要求。奥运会后在这里多次成功举办了包括 NBA 中国赛、碧昂斯“非我莫属”北京演唱会、亚瑟小子北京演唱会和 CBA 全明星周末等在内的大型娱乐演出活动、体育赛事及有影响力的商务活动，是国内少有的可以实现盈利的体育场馆之一。

五棵松体育馆隶属于五棵松体育文化中心有限公司，华熙国际为实际持有人。五棵松体育馆承接大型活动分为演唱会、体育赛事、文化艺术和特别活动四大块，全年预计举办超过 150 场活动，收入大约为 2.5 亿元～ 3 亿元，以冠名及赞助商收入为主，占比超过 50%；其次是场地出租和投资活动收入。体育场馆的场地出租费用是基本的盈利模式和收入来源，而冠名及赞助商收入是更为高级的收入来源，国内体育场馆能够持续实现冠名收入的仅有五棵松体育馆（凯迪拉克中心）和上海奔驰文化中心。

五棵松体育馆拥有高标准的场馆设施，定位高端，从一开始就把自己打造成为具有国际知名度的场馆，早期引入 AEG 作为合作方，利用 AEG 将国际顶级演艺引入中国，落户五棵松体育馆，定位高端、形成品牌效应。不断创新商业模式，由高端演艺市场向城市生活空间转换，目前已经成为大众体育的休闲娱乐场所，场馆、室外场地、商业设施、文娱设施等多业态布局。五棵松体育馆针对合作伙伴和终端消费者，构建完善的服务体系，针对消费者打造线上平台，从订票、订车、订餐以及场馆内的寻座服务等皆可通过微信公众号完成，而且还开通微社区，经营粉丝，针对合作伙伴采取多元化的合作模式，满足不同合作方的需求。

五棵松体育馆的实际持有人华熙国际突破单体场馆运营限制，异地复制运营经验，开始进行场馆连锁经营。华熙国际逐渐形成集场馆运营、活动策划与组织、互联网、股权投资四大板块为一体的完整产业生态链。

二、佳兆业文体集团

佳兆业集团控股有限公司，成立于 1999 年，总部位于中国香港。2009 年 12 月，佳兆业集团在中国香港联交所成功上市（股票代码：1638.HK）。作为我国大型综合性投资集团，其业务包括地产、金融、医疗、旅游、文体等，员工总人数 10000 多人，总资产超 1000 亿元。佳兆业已进入珠三角、长三角、环渤海、成渝及中部等我国五大主要经济区域，业务覆盖深圳、广州、上海、北京、沈阳、大连、南京、苏州、杭州、武汉、重庆、成都等重要城市。

自 2012 年开始，佳兆业进军文体产业，并设立专业的文体集团。佳兆业文体集团是我国大型综合性投资集团——佳兆业控股旗下专业集团之一，致力于打造我国领先的文体活动互联平台。作为我国大型民营文体场馆综合运营商，佳兆业文体集团已成功运营深圳大运中心、深圳南山文体中心、深圳盐田区游泳馆、佛山高明体育中心、惠州仲恺体育馆、广西贵港市体育中心、江苏南通海安体育中心、武汉五环体育中心、上海复旦大学枫林校区游泳馆、深圳观湖文化艺术中心剧院、深圳观澜体育公园、浙江湖州织里中心等 8 城 12 大标志性文体场馆，提出“轻资产、重运营、专业化”的场馆运营管理理念，坚持以文体综合服务体运营、文体内容、智慧文体、衍生经营为主线的四驱文体运营模式。

佳兆业文体集团的体育场馆经营，在场馆建设等环节方面有诸多创新。例如，佳兆业以其地产开发能力，通过 PPP 模式参与深圳大运中心项目。佳兆业集团与龙岗区政府签订“一场两馆”ROT 主协议，获得 40 年的修建和运营管理权，佳兆业集团成立项目公司，作为深圳大运中心项目的配套商业建设及全部运营管理的平台，财政对项目公司给予五年补贴；项目公司与专业运营公司签订运营协议，与常驻球队和赛事机构签订场馆租赁协议，与保险公司签订保险协议，与供电企业签订供电协议，预计融机构签订融资协议，与媒体单位签订播报协议。

在深圳大运中心运营方面，采取总运营商与专业团队共同运营的模式，由佳兆业引入 AEG、英皇集团、体育之窗等具有国内外赛事、演艺资源和场馆运营经验的专业运营团队共同承担运营职责；在商业模式方面，构建商业—场馆—片区的联动商业模式，创立运营调蓄基金，通过商业运作反哺场馆运营，进而由场馆带来的人流带动大运新城开发建设。

此外，佳兆业联手凯兴资本成立体育产业投资基金项目，基金总体规模逾 100 亿元。投资方向为场馆的前端设计、工艺制造、场馆智能化、体育培训、赛事运营、场馆相关的周边产业。

三、体育之窗

iRENA 体育之窗隶属于体育之窗文化股份有限公司，成立于 2001 年，2015 年成立股份有限公司，注册资本金为 8000 万元，并于 2015 年成功挂牌新三板。体育之窗是我国领先的体育产业平台公司，历经十多年的积累，布局全产业链的生态系统，将场馆资源和版权赛事资源融合移动互联网，打造创新模式体育运营平台；从场馆、现场运营，到目前基于体育资源版权的体育资产运营；体育之窗正在利用移动互联网变革体育行业，实现全体育、全娱乐、全产业生态链的价值重组。

体育之窗从北京工体的场馆经营业务起步，目前核心业务包括体育赛事运营、场馆经营体育休闲服务以及体育营销及咨询服务。在场馆经营方面，体育之窗是我国最大的场馆连锁经营企业，公司以其服务的各城市体育专业场馆及其附属设施为基础，用“体育 + 休闲”的概念打造城市体育休闲综合体，使体育场馆在承办体育赛事之外产生更深的商业价值和社会文化效应，由此产生的租金收入是该项业务的主要收入来源，目前已覆盖北京、上海、深圳、天津、长沙、西安、海口等主要城市场馆及附属设施。

2011 年，体育之窗开启全国场馆经营的扩张，北京、天津、德州、上海业务陆续开始成型。体育之窗的体育场馆连锁经营模式分为三种：全委托模式、合作经营模式、顾问联盟模式。全委托模式由政府引进体育之窗作为经营方，在委托经营期内，前几年政府会提供补助，例如天津政府每年会补助 1000 万～ 1500 万元，之后政府停止补助，后期由体育之窗给地方政府上缴经营授权费；现在每年体育之窗给当地政府1000万～2000万元，该模式的代表场馆有北京工体、天津水滴、海口五源河文化体育中心等；合作经营模式，体育之窗与当地政府代表公司成立合资公司共同运营，原则上是体育之窗大股东，要求并表权，具体利益分成形式比较灵活，长沙贺龙体育中心、上海虹口足球场、陕西省体育场是该模式代表；顾问联盟模式，由体育之窗提供运营、设计等咨询服务，收取顾问咨询费用，场馆方可以以单独项目的形式请体育之窗帮助运营，正式合同的有8家，地市级、区级的场馆有14/15家，例如贵阳、德州、南昌、天津蓟州区、成都等。

第四节　体育产业商业模式创新——体育生态圈经典案例分析

一、阿里体育

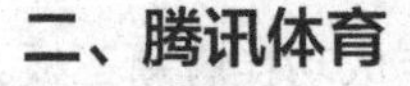

二、腾讯体育

12-1

第五节　体育产业商业模式创新——体育服务业经典案例分析

一、万国体育

二、懒熊体育

12-2

第六节　体育产业商业模式创新——体育制造业经典案例分析

一、安踏体育

二、三夫户外

三、KEEP

12-3

四、体育产业商业模式反思

体育产业成功之路，就是如何把“绿水青山”“冰天雪地”等独特的体育资源变成一个个体育产品和服务，最终把体育产品和服务变成“金山银山”的体育产业化发展过程，合适的商业模式是关键。

通过梳理国内外体育产业商业模式，我们认为可以从两个层面反思。第一个层面是需要通过产业链实现。体育产业链主要包括：体育组织（协会），体育运动明星，体育中介机构，体育综合赛事、联赛、业余赛事，体育赛事版权，体育俱乐部，体育媒体，体育场馆建设及运营，体育赛事票务，体育运动装备研发制造，体育运动纪念品，体育项目金融投资，体育运动保险，体育赛事彩票等环节，每个环节都有相应的商业模式，并形成有机和有限产业环节组合。

第二个层面是通过产业跨界融合，形成产业生态圈。跳出体育来做大体育产业，是一种融合发展的理念，以体育+思路构建产业生态圈，紧密拥抱社会治理共同体建设、乡村振兴、全民健身等国家战略。比如在农村举办体育活动，促进农村休闲旅游的发展，可以帮助农民致富，这是用体育活动去扶贫的理念；体育促进了科技发展，因为很多的科技发明必须要有产品载体应用场景，因为未来体育成为人的主要生活方式，体育运动中应用场景会逐渐增多。

综上所述，在未来的发展中，要牢牢把握住体育产业发展的四要素：产品/服务、用户、场景、商业模式。在发展中要以企业为主体，辅以政府政策引导，通过扶持行业领先企业，带动体育全产业链和产业生态圈的发展。相信未来我国的体育产业将成为经济增长的重点行业，体育生活将成为人民的美好生活重要组成部分。

参考文献

[1] 马克・普里查德，商业体育的品牌打造 [M]. 谌莉译 . 北京：清华大学出版社，2017.

[2] 布拉德・汉弗莱斯，丹尼斯・霍华德 . 体育经济学：第一卷 [M]. 邓亚萍，等，译 . 上海：上海人民出版社，2011.

[3] 布拉德・汉弗莱斯，丹尼斯・霍华德 . 体育经济学：第二卷 [M]. 赵长杰，等，译 . 上海：上海人民出版社，2011.

[4] 大卫，伊斯利 . 网络、群体与市场：揭示高度互联世界的行为原理与效应机制 [M]. 李晓明，等，译 . 北京：清华大学出版社，2011.

[5] 凡勃伦 . 有闲阶级论——关于制度的经济研究 [M]. 甘平译 . 武汉：武汉大学出版社，2015.

[6] 让・克洛德・德劳内，让・盖雷 . 服务经济思想史：三个世纪的争论 [M]. 江小涓，许德金，译 . 上海：上海人民出版社，2011.

[7] 江小娟，等 . 体育产业的经济学分析——国际经验及中国案例 [M]. 北京：中信出版社，2018.

[8] 杨越 . 职业体育的经济学原理 [M]. 北京：经济管理出版社，2015.

[9] 钟天朗，徐琳 . 体育经济学教学案例 [M]. 上海：复旦大学出版社，2013.

[10] 陈少峰、张立波 . 文化产业商业模式 [M]. 北京：北京大学出版社，2011：206.

[11] 黄海燕 .2019—2020 年中国体育产业发展报告 [M]. 北京：社会科学文献出版社，2021.

[12] 俞宏光 . 中国体育产业结构优化与升级路径研究 [M]. 成都：西南财经大学出版社，2017.

[13] 国家发展和改革委员会社会发展司，国家体育总局体育经济司 . 改革创新在路上——体育产业联系点发展典型案例汇编 [M]. 北京：人民体育出版社，2018.

[14] 张福彩 . 体育产业发展的理论与实证研究 [M]. 北京：中国纺织出版社，2018.

[15] 辛克海 . 体育场馆的科学化运营与管理研究 [M]. 北京：中国商业出版社，2017.

[16] 潘肖珏 . 体育公共关系 [M]. 上海：复旦大学出版社，2014.

[17] 王发明，朱美娟 . 国内区块链研究热点的文献计量分析 [J]. 情报杂志，2017，36（12）：69-74+28.

[18] 黄道名，郭孟林，杨群茹 . 体育产业区块链技术的应用选择与实现路径 [J]. 体育科学，2019，39(08): 22-28.

[19] 张立波，邓存惠，张锐 . 区块链重构体育产业生态系统的实施路径探究 [J]. 北京体育大学学报，2020，43(07): 25-35.

[20] 孙立 . 体育应用人工智能的价值、困境与对策研究——李世石完败于 AlphaGo 的启示 [J]. 南京体育学院学报（社会科学版），2017，31(05): 98-101+105.

[21] 叶强等 . 体育信息化发展路径的分析研究——基于江苏省体育信息化现状的实证调查 [J]. 南京体育学院学报（自然科学版），2015，14(01): 129-133.

[22] 任海，等 . 体育资源配置方式的改革与体育资源的开发——论社会经济条件变革下的中国体育改革（三）[J]. 天津体育学院学报，2002(01): 12-17+20.

[23] 黄海燕，徐开娟 . 我国体育产业发展的成就、走向与举措 [J]. 上海体育学院学报，2018，42(05): 15-21+37.

[24] 戴健，焦长庚 . 全球著名体育城市构建的内在逻辑与优化路径——基于上海体育名城建设的分析 [J]. 体育学研究，2019，2(03): 8-18.

[25] 刘东锋 . 论全球体育城市的内涵、特征与评价 [J]. 体育学研究，2018，1(04): 58-65.

[26] 苑琳琳，李祥林 . 体育赛事举办与城市韧性建设关系及融合发展路径研究 [J]. 体育与科学，2021，42(04): 91-103.

[27] 李欣 . 城市体育赛事与城市发展的时序演化及耦合研究 [J]. 广州体育学院学报，2021，41(04): 36-40.

[28] 王先亮 . 体育特色小镇的产业聚集与空间分布 [J]. 中国体育科技，2021，57(09): 90-97.

[29] 王学彬，项贤林 . 体育特色小镇建设：域外经验与中国路径 [J]. 上海体育学院学报，2018，42(04): 62-67+80.

[30] 鲁志琴，陈林祥，吴飞 . 运动休闲特色小镇推动体育强国建设的逻辑与路径 [J]. 体育科研，2021，42(05): 70-76.

[31] 沈克印，杨毅然 . 体育特色小镇：供给侧改革背景下体育产业跨界融合的实践探索 [J]. 武汉体育学院学报，2017，51(06): 56-62.

[32] 胡昌领 . 体育特色小镇的功能定位、建设理念与精准治理研究 [J]. 体育与科学，2018，39(03): 69-74.

[33] 何春刚 . 体育小镇建设中的政府职能与推进路径 [J]. 南京体育学院学报（社会科学版），2017，31(04): 23-27.

[34] 范斌 . 基于根植性理论视角下的我国体育特色小镇建设机制研究 [J]. 体育与科学，2018，39(01): 84-89.

[35] 林小爱 . 体育知识产权运营的特殊性及其模式选择研究 [J]. 南京理工大学学报（社会科学版），2019，32(05): 12-19.

[36] 宋扬.IP 热背景下体育版权价值全产业链开发策略 [J]. 中国出版，2017（19）: 55–58.
[37] 毕雪梅，黄芦雷娅 . 体育版权交易的发展趋势及对国内体育媒体的启示 [J]. 电视研究，2014（03）: 62–64.
[38] 安福秀，黄丽娟，宁猛 . 中国体育电视媒体发展困境与出路——以体育版权为视角 [J]. 成都体育学院学报，2014，40（11）: 1–6.
[39] 李宗辉 . 论体育领域的商标保护 [J]. 体育科学，2014，34（01）: 54–57+82.
[40] 汪毅，何秋鸿 . 我国体育专利的发展态势与区域分布研究 [J]. 北京体育大学学报，2017，40（10）: 24–29+38.
[41] 刘介明，杨祝顺 . 我国商业秘密保护的法律现状及完善建议 [J]. 知识产权，2012（12）: 71–75.
[42] 江小涓 . 中国体育产业：发展趋势及支柱地位 [J]. 管理世界，2018，34（05）: 1–9.